Yes we camp!

CAMPING FÜR DIE SEELE

DIE SCHÖNSTEN CAMPINGPLÄTZE ZUM AUFTANKEN UND VERWÖHNEN

von
Heidi Siefert und Manuela Blisse

PIN CAMP

powered by ADAC

Nach der entspannenden Massage den Blick auf die Berge genießen: Auf einigen Campingplätzen gehört Wellnesskomfort zum Standard.

INHALT

Ganz entspannt schwitzen …

CAMPINGPLÄTZE FÜR SAUNA-FANS

9

CAMPINGRESORT BODENMAIS

▸ Deutschland

Schwitzen auf die edle Art mit viel Platz und herrlicher Aussicht (S. 30)

20

CAMPINGPLATZ TRIXI FERIENPARK

▸ Deutschland

Zum Abkühlen nach dem Saunieren geht es in den See – auch im Winter (S. 52)

39

THERMAL CAMPING BRIGERBAD

▸ Schweiz

Dampfbäder, Saunen und eine Thermalwasser-Grotte im größten Schweizer Thermal-Freibad (S. 92)

43

CAMPING MUGLIN VAL MÜSTAIR

▸ Schweiz

Schwitzen in der Sauna auf dem Heustock (S. 100)

44

ALPENCAMPING NENZING

▸ Österreich

Heu-Lavendel, Dampfbad oder finnische Erdsauna? Geruht wird danach jedenfalls mit Bergblick (S. 104)

66

CAMPING HERMITAGE

▸ Italien

Saunagenuss für alle, die es opulent lieben (S. 150)

71

CARAVANPARK SEXTEN

▸ Italien

Qual der Wahl: neun verschiedene Saunen in einem herausragenden Wellnessbereich (S. 160)

Draußen in Bewegung …

CAMPINGPLÄTZE FÜR YOGA-BEGEISTERTE

3

CAMPING GRÜNTENSEE

▸ Deutschland

Die schönste Art den Tag zu verabschieden: Sundown-Yoga auf dem SUP (S. 18)

5

WIRTHSHOF CAMPING UND HOTEL

▸ Deutschland

Yoga unter Obstbäumen – oder doch lieber Slow Jogging und Wandern mit Qigong? (S. 22)

42

CAMPING MORTERATSCH

▸ Schweiz

Yoga vor atemberaubendem Bergpanorama auf der Wiese oder mit SUP auf dem See (S. 98)

45

ZUGSPITZ RESORT

▸ Österreich

Fitness auf die sanfte Tour mit Yoga, Tiefenentspannung und Meditation (S. 106)

46

GERHARDHOF SONNENPLATEAU CAMPING

▸ Österreich

Ein besonderer Ort: Vollmond-Yoga auf dem Deck im Lärchenwald (S. 108)

61

CAMPINGBAD OSSIACHERSEE

▸ Österreich

Asanas auf dem Wasser, Steg oder im Übungsraum mit Seeblick (S. 138)

Sich treiben
lassen ...

CAMPINGPLÄTZE AM WASSER

ZEICHENERKLÄRUNG

Wellness-Massage, Schwimmbad und Panorama – oder doch lieber Yoga? Zahlreiche Piktogramme erleichtern Ihnen die perfekte Vorbereitung auf einen rundum entspannten Campingurlaub.

AUF EINEN BLICK

Diese Piktogramme informieren kurz und knapp über die besonderen Wohlfühl-Extras der Plätze, die einen Wellnessurlaub so erholsam machen – von der morgendlichen Yoga-Session bis zum Thermalbad mit Sole-Behandlung in der nahen Umgebung:

Naturerlebnis	Badelandschaft	Beauty-Abteilung
schönes Panorama	Thermalbad	Yoga
Berglandschaft	Sauna	Kurort (in der Nähe)
Strandzugang	Massage	Restaurant
Schwimmbad	Physiotherapie	

INFORMATIONEN IM KASTEN

Lokale Tipps abseits des Campingplatzes haben wir in Info-Kästen zusammengetragen – vom Wellnesserlebnis in Platznähe bis zum Wandertipp für Genießer.

Wellnessausflug	Kulinarik-Tipp	Touridee
Aktivität	Sehenswürdigkeit	Hintergrundwissen

SYMBOLE IM BUCH

Mobil sein und die Umgebung entdecken gehören zum Camping dazu: Unsere Ausflugstipps informieren über Wanderungen, Radtouren und andere Streifzüge.

Wanderung	SUP-Tour	Dampferfahrt
Radtour	Langlaufstrecke	Zugfahrt
Kanutour	Autofahrt	Busfahrt

PINCAMP: SUCHEN. BUCHEN. CAMPEN.

Camping-Vorfreude statt Urlaubsstress: *Auf PiNCAMP (www.pincamp.de), dem Campingportal des ADAC, können Camper ihren Urlaub von der Inspiration über die Campingplatzsuche bis zur Buchung bequem und kostenlos planen.*

Auf der Suche nach dem passenden Campingplatz ist PiNCAMP die richtige Adresse für alle Camper. Das Campingportal listet über 11 000 Campingplätze in ganz Europa, mehrere Tausend können davon direkt online gebucht werden. Camper erhalten somit auf PiNCAMP einen perfekten Überblick, welche Campingplätze in ihrer Wunschregion noch frei sind, und können sich direkt ihren Platz einfach und schnell online buchen. So steht dem nächsten Campingglück nichts mehr im Weg.

Um Camper bei der Urlaubsplanung bestmöglich zu unterstützen, bildet die europaweit einheitliche ADAC Klassifikation die perfekte Grundlage zum Vergleich von Campingplätzen.

Die ADAC Klassifikation basiert auf der objektiven Bewertung durch die ADAC Inspekteure. Diese geschulten und erfahrenen Camping-Experten durchleuchten regelmäßig 6000 Campingplätze europaweit einheitlich auf Basis eines standardisierten Fragebogens mit über 200 Messkriterien. Das Ergebnis ist eine objektive Analyse der Qualität von Ausstattung und Angebot. Die besten Campingplätze mit einer 5-Sterne-Klassifikation erhalten die Auszeichnung ADAC Superplatz. Ein Platz mit zwei Sternen muss aber nicht automatisch weniger attraktiv sein als ein Platz mit vier oder fünf Sternen. Camper müssen sich lediglich darauf einstellen, dass Infrastruktur und Ausstattung bei wenigen Sternen einfacher gehalten sind. Aber manchmal sind gerade einfachere Plätze die charmanten Geheimtipps. Alle in diesem Buch vorgestellten Campingplätze wurden mit größtmöglicher Sorgfalt ausgewählt und bilden ganz bewusst das volle Spektrum der Sterne-Klassifikation ab. Campingplätze ohne Sterne sind ganz neu in der Datenbank und wurden noch nicht von ADAC Inspekteuren besucht.

Für genauere Informationen steht am Ende der Platzbeschreibung ein Link zu pincamp.de, dem Campingportal des ADAC. Dort gibt es alle Details, die für die Auswahl eines Angebots hilfreich sind. Viel Spaß beim Sichten und Auswählen!

Deutschland

Mit den Zielen …

Die ganze Vielfalt: Deutschlands Campingplätze erfüllen alle Bedürfnisse für eine erholsame Auszeit.

1 RELAXTE STUNDEN VOR KÖNIGSSEE-KULISSE

CAMPING-RESORT ALLWEGLEHEN ★★★★

▸ Allweggasse 4, 83471 Berchtesgaden, Tel. +49 86 52/23 96, GPS: 47.64733333, 13.0396

■ pincamp.de/sb9800

»Das ist Romantik pur!«, schwärmt Florian Hallinger und meint das legendäre Echo am Königssee. Viele tausend Mal hat er es schon gehört, und doch ist er immer wieder begeistert, wenn die Klänge des Flügelhorns von den senkrechten Felswänden am Ufer zurückhallen. Wie schon sein Vater und sein Großvater arbeitet Hallinger auf einem Königsseeschiff und genießt es, vor allem abends bei der letzten Fahrt das Instrument zu spielen. Der Königssee mit seiner charakteristischen Kirche mit dicken roten Zwiebeltürmchen, die sich malerisch ans Ufer auf der Halbinsel Bartholomä duckt, ist nur ein Ausflugsziel von vielen im Berchtesgadener Land.

In dieser Urlaubsregion trifft atemberaubende Natur auf jahrhundertealte Kultur, eindrucksvoll zu erleben etwa bei Wanderungen auf dem grenzüberschreitenden »SalzAlpenSteig«. Drei Etappen führen durch diese Gegend und lassen erahnen, welche Mühe es einst kostete, das kostbare Salz zu transportieren. Teilweise sind entlang der Route die alten hölzernen Soleleitungen noch zu sehen. Vom Camping-Resort Allweglehen locken weitere Ziele in die Umgebung, die man allein oder mit ortskundiger Führung – am Platz gibt es einen Bergführer für Gäste – ansteuern kann. Lohnend ist etwa eine Erkundungstour durch den mystischen Zauberwald am Hintersee, ein Spaziergang auf dem »Malerweg« oder eine Radtour auf einem Slow Trail.

Ganz besondere Erlebnisse im Sommer sind die auf verschiedenen Gipfeln und Almen gefeierten Bergmessen. Auch einen Sonnentag auf dem Jenner, während unten im Tal der Nebel wabert, sollte man nicht verpassen. Mit ihren sprudelnden Bächen, tosenden Wasserfällen, blühenden Almwiesen und mächtigen Gipfeln ist diese Landschaft ein Kraftquell für alle, die den Bergen ganz nah sein wollen.

Im Resort Allweglehen in unmittelbarer Nähe des Nationalparks Berchtesgaden kann man lohnende Ausflüge mit entspannten Stunden verbinden. Beim Schwitzgang in der geräumigen Sauna schauen die Campinggäste direkt auf den mächtigen Watzmann, im Pool schwimmt man geradewegs auf den Gipfel zu, und im Winter lockt ein Bad im wohlig warmen, solehaltigen Thermalwasser. Stellplätze, Chalets, Wood Lodges oder Campingfässer lassen keine Komfortwünsche offen. Schon seit mehr als 60 Jahren begeistert der Platz von Familie Fendt mit Aussicht am sonnigen Hang seine Gäste. Thomas Fendt und Sohn Andreas verbessern das Service-Angebot des Platzes Stück für Stück. »Wir sind mittlerweile wie ein Fünf-Sterne-Hotel, nur dass bei uns jeder sein Zimmer mitbringt«, sagt Thomas. Vom Sanitärgebäude bis zum Restaurant wurde bereits alles einer Frischzellenkur unterzogen. Das Ergebnis ist eine Mischung aus klaren modernen Formen und gemütlichen Details. Man schwitzt auf Mosaikbänken und ruht nach dem Saunagang auf breiten Lederliegen mit Aussicht, genießt an heißen Sommertagen die frische Bergluft und im Winter klare Tage mit knirschendem Schnee unter den Sohlen. Im rustikalen Restaurant wird bayerische Küche serviert, zum Teil auch modern interpretiert.

Zum **Gradierwerk in Schönau** (www.koenigssee.de), um dort die wohltuende salzhaltige Luft zu inhalieren; mittwochs um 10 Uhr wird Atemgymnastik angeboten.
▸ 3,5 km/45 Min.

Spaziergang zum **Salzheilstollen** (www.salzheilstollen.com), wo es neben therapeutischen Einfahrten auch Konzerte und Lesungen im besonderen Ambiente gibt
▸ 2,5 km/30 Min.

Zum Einkauf auf dem **Wochenmarkt** am Weihnachtsschützenplatz
▸ 4 km/15 Min.

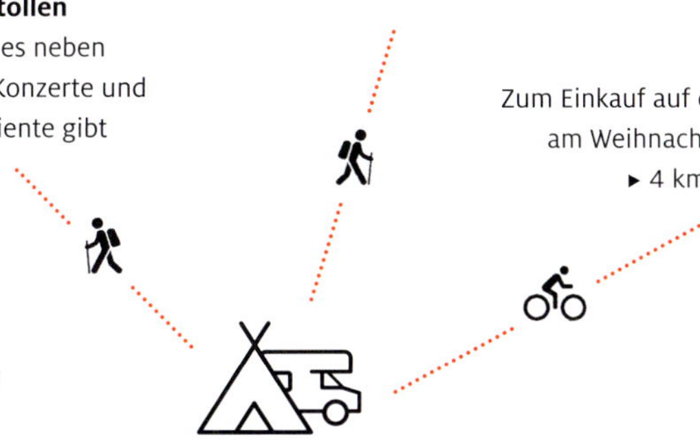

◂ Zeit für regenerative Stunden: Im Camping Resort genießen die Gäste erstklassigen Komfort mit Bergblick.

2 ALLGÄUER CAMPINGTRÄUME

CAMPING RESORT ZUGSPITZE ★★★★☆

▸ Griesener Str. 9, 82491 Grainau, Tel. +49 88 21/943 91 15, GPS: 47.47787, 11.051828

■ pincamp.de/sb5290

Nicht nur die Zugspitze (2962 m), Deutschlands höchster Berg, erhebt sich markant aus dem Wettersteingebirge, das Bayern von Tirol trennt. Wie eine Pyramide ragt auch die Alpspitze (2628 m) aus den Kalkalpen hervor. Sie ist das Wahrzeichen von Garmisch-Partenkirchen und auch auf dem Campingplatz immer ein markanter Blickfang, nicht nur im Bistro, das den »Alpspitzblick« sogar im Namen trägt. Besonders schön ist die Aussicht von der Terrasse, wo an Sommerabenden der Grill angeheizt wird und Campertage genussvoll ausklingen.

Grainau ist der Nachbarort der berühmten Olympiastadt Garmisch-Partenkirchen und ein Platz zum Wohlfühlen, nicht nur weil er staatlich anerkannter Luftkurort ist. Das »Zugspitzdorf« ist durch und durch bayrisch wie aus dem Bilderbuch: mit traditionellen Häusern mit üppigem Blumenschmuck an den Balkonen, Kühen auf blühenden Wiesen und dem smaragdgrünen Badersee. Westlich einer kleinen Insel ruht übrigens eine Nixe aus Stein in der Tiefe, von der man sich erzählt, es sei ein Abbild von Lola Montez, der Geliebten König Ludwigs I.

Zwei Terrainkurwege mit moderaten Steigungen sind so angelegt, dass man die Mischung aus kühlen Wäldern und freien Wiesenflächen in vollen Zügen auskosten und Stress und Alltag hinter sich lassen kann. Wer es mag, genießt anschließend

Entspannt schwitzen nach dem Wandern: Der Wellnessbereich im Camping Resort lässt kaum Wünsche offen.

noch die belebende Wirkung des Wassertretens im Kneippbecken. Das Campingresort ist für viele Aktivitäten ein idealer Ausgangspunkt. Ob Wildwasser-Kajaktouren, Schneewanderungen oder genussvolles Radfahren am Fluss, hier beginnen die Abenteuer direkt vor der Campertür – oder vor dem gemütlichen Schlaffass, der Berghütte oder dem Baumhaus. Abrunden lassen sich all die Aktivitäten im modernen Wellnessbereich, beim Schwitzen in der Sauna oder bei einer entspannenden Massage.

Die Alpspitz eignet sich übrigens nicht nur zum Betrachten oder als Hintergrund für Urlaubsfotos. Sie ist eines von vielen lohnenden Wanderzielen in der Umgebung. Besonders spektakulär ist der Alpspix, eine Aussichtsplattform unterhalb der Alpspitz. Seit ihrer Planung wird die Konstruktion aus Stahl und Glas kontrovers diskutiert. Der Blick hinunter ins Höllental mit seiner wildromantischen Klamm ist zweifellos atemberaubend.

DER LÄNGSTE TAG

Traditionell feiert man in den Alpen mit Bergfeuern die Sonnenwende. Am 23. Juni werden mit einbrechender Dunkelheit auf den Bergen sogenannte Johannisfeuer entzündet – ein ohnehin eindrucksvolles Ereignis, das in Grainau aber umso spektakulärer wirkt, da sich hier über die komplette Bergkette des Waxensteinkamms Feuer an Feuer reiht. Schon in den Tagen vor dem großen Sonnwendfest steigen meist junge Burschen auf und bereiten die Feuerstellen vor. Spätnachts ist dann zu sehen, wie sie sich mit Fackeln oder Stirnlampen wieder dem Tal nähern, wo dann mit Blick auf die Bergfeuer lange und feuchtfröhlich gefeiert wird.

3 SAUNIEREN AUF ESTLÄNDISCHE ART

CAMPING GRÜNTENSEE ★★★★☆

▸ Grüntenseestr. 41, 87497 Wertach, Tel. +49 83 65/375, GPS: 47.6103, 10.44618333

■ pincamp.de/sb4400

Wenn das Wasser ganz glatt ist und das Wetter klar, dann spiegelt sich bisweilen der Grünten im See, jener 1738 m hohe Gipfel, der für den Namen des Stausees Pate stand. Auf dem Campingplatz, der sich – umgeben von viel Grün – am Ufer ausbreitet, sorgen See und Berge für eine traumhafte Kulisse. Fischer werfen vom Boot ihre Angel aus und beim Sundown-Yoga auf dem SUP werden Campinggäste eins mit den Elementen der Natur.

Wer die Komfortzone für einen Ausflug verlassen möchte, erreicht vom Platz aus schnell die umliegenden Höhen oder Ziele wie Füssen oder Schloss Neuschwanstein. Am Abend kommt jedoch jeder gern wieder zurück, um sich auf einem der Stellplätze unter Tannen zurückzulehnen. Wer lieber im festen Häuschen residiert, kann zwischen zwei charmanten Alternativen wählen: Fass oder Holziglu. Letzteres ist ebenso wie die Sauna ein Import aus Estland und birgt unter seinem Schindeldach eine Wohnküche und gemütliche Schlafkojen.

KUNST AM BAUM

Am Anfang steht die Neugier im Vordergrund – doch die schlägt ganz schnell in Begeisterung um, wenn Anette Nöß erklärt, worum es geht. Für ein paar Stunden verwandelt sie den Pfrontener Kurpark zum Atelier, in dem die Bäume als Staffeleien dienen. Gemalt wird auf Stoff. Die Struktur der Rinde wird spürbar, wenn die Farbe direkt mit den Händen aufgetragen wird. Es stehen aber auch jede Menge Pinsel, Rollen und Stifte zur Verfügung, und der Kreativität werden kaum Grenzen gesetzt. Vorgaben gibt es keine. Am Ende erhalten die Teilnehmer ihr eigenes schön gerahmtes Kunstwerk.

▸ www.atelier-farbkraft.com

4 ERHOLUNG ZU JEDER JAHRESZEIT

ALPSEE CAMPING ★★★★☆

▸ Seestr. 25, 87509 Bühl, Tel. +49 83 23/77 26, GPS: 47.57249999, 10.19356666

■ pincamp.de/sb3800

Im Infinitypool über den Dächern der Wohnwagen und Wohnmobile ins Abendrot schwimmen: Das zählt zu den besonders stimmungsvollen Arten, den Tag am Großen Alpsee im Allgäu ausklingen zu lassen – umgeben von Bergen und davor stets im Blick der See, der sich malerisch in die Bilderbuchlandschaft schmiegt und den Platz so attraktiv macht. Morgens dient die fantastische Umgebung als Kulisse für Yoga-Übungen auf dem Steg, tagsüber für entspannte Bahnen beim Schwimmen und für andere Arten des Wassersports. Und immer sorgt der beruhigende Anblick der Berge für Wohlfühlatmosphäre.

Ein Campingtraum sind die Stellplätze in erster Reihe. Aber auch mit weniger Glück bei der Platzwahl ist man hier stets mit wenigen Schritten am Ufer. Seeblick bietet sich an vielen Plätzen auf der

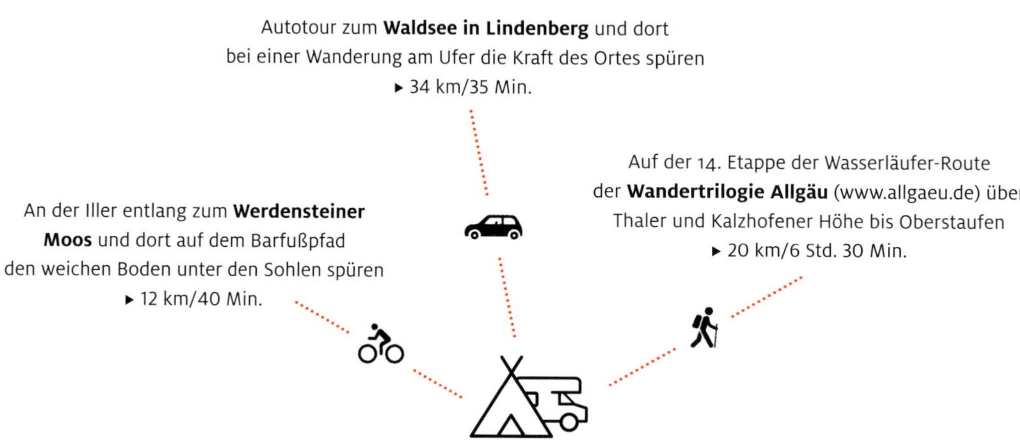

Lohnende Pause: Der Ruhebereich im Alpsee Camping macht müde Muskeln wieder munter.

elegant-modern gestalteten Anlage, auch aus den Fenstern der Privatbäder im ersten Stock des Alpsee-Gebäudes – und vom Liegestuhl auf dem Sonnendeck sowieso. Wer auf der obersten Bankreihe der Sauna Platz nimmt, kann sogar mit Blick auf den Allgäuer See schwitzen.

Der Platz erstreckt sich inmitten des Naturparks Nagelfluhkette, der sich über das Allgäu und den Bregenzerwald hinzieht. Der erste grenzüberschreitende Naturpark zwischen Deutschland und Österreich breitet sich von den Talungen der Flüsse bis ins Hochgebirge und damit über eine vielfältige Landschaft aus. Zahlreiche Angebote für Urlauber ermöglichen es, die Besonderheiten der Natur auf die sanfte Art zu entdecken. So kann man sich auf die Spur jahrhundertealter Bäume begeben, mit Rangern auf die Pirsch gehen oder auf historischen Wegen die Geschichte und die Geschichten der Grenzregion nachleben.

Vorab müssen sich Besucher allerdings grundsätzlich entscheiden: Sollen es blühende Almwiesen oder verschneite Winterwunderwelten sein? Auch im Herbst lohnt eine Reise zum Alpsee, wenn die Campinggäste bei Wanderungen dem Nebel im Tal entkommen, um noch einmal ordentlich Energie zu tanken. Radfahrer finden in der Region unzählige Möglichkeiten für unterschiedlichste Bedürfnisse, Segler erkunden den Alpsee vom Wasser aus und im Winter grenzt das Loipen-Paradies Immenstadt direkt an den Campingplatz.

Ronja und Martin Haf versuchen mit ihren Gästen den ökologischen Fußabdruck möglichst gering zu halten und haben dafür jede Menge Tipps parat. 2019 verpassten sie dem Platz eine Frischzellenkur. Ergänzt wurde unter anderem ein Wellnessbereich mit drei unterschiedlichen Saunen und lichtdurchflutetem Ruheraum, in den man sich nicht nur an Regentagen zurückziehen kann. In der »Alpsee Küche« duftet es schon frühmorgens nach Kaffee und Gebäck, und das Frühstücksbuffet lockt alle, die sich schon morgens gerne verwöhnen lassen.

5 GUT ERHOLT BEI BLÜTENPEELING UND APFELDUFT

WIRTHSHOF CAMPING UND HOTEL ★★★★★

▸ Steibensteg 10, 88677 Markdorf, Tel. +49 75 44/962 70, GPS: 47.71503332, 9.40925

▪ pincamp.de/wb7600

Das kleine Schraubglas mit dem selbst hergestellten Körperpeeling aus fein zerriebenen Blüten wird ein ganz besonderes Mitbringsel. Unter fachkundiger Anleitung im Rahmen von Workshops dürfen die Campinggäste auf dem Wirthshof eineinhalb Stunden lang gemeinsam riechen, aussuchen und rühren. Dabei werden Aroma-Öle und Badezusätze gefertigt, während die Teilnehmer Interessantes über Tinkturen und Rezepte erfahren. Solche besonderen Aktivitäten sind typisch für den Wirthshof.

Im sanften Hügelland über dem Bodensee liegt der Platz genau richtig für all jene, die in den Ferien mit Achtsamkeit abschalten möchten. Yoga im Morgentau zwischen Obstbäumen ist hier nur eine Art von vielen, den Morgen zu begrüßen, Slow Jogging durch die verträumte Landschaft oder Faszien-Fitness auf der Wiese sind andere. Auf dem Wirthshof kann man Gesundheitswandern mit Qigong verbinden und beim »Reactive Walking« auf einem speziell dafür ausgewiesenen Parcours Muskulatur und Bindegewebe ansprechen. Und wer sich einer Wander- oder Radtour mit Seniorchefin Maria Wirth anschließt, erhält ganz nebenbei eine interessante Führung zu den schönsten Orten in der Umgebung.

Der Platz mit seiner einzigartigen Mischung aus Aktivurlaub und Präventionskursen in Zusammenarbeit mit medizinischen Experten wird von Familie Wirth in dritter Generation geführt. Das die Aktiverlebnisse des Platzes ganz besonderes sind, hat sich herumgesprochen: 2022 erhielten sie die Auszeichnung der Bodensee-Region »Echt nachhaltig«.

Doch auch Gäste, die sich für ihr persönliches Wohlfühlprogramm am liebsten zurückziehen, sind auf dem Wirthshof gut aufgehoben. Die Spa-Chalets bieten ideale Bedingung dafür. Mitten im Grünen stehen diese hübschen Häuschen und bieten finnische Sauna und Dampfbad. Wahlweise sind sie sogar mit Whirlpool auf der wind- und sichtgeschützten Terrasse ausgestattet.

Der Wirthshof ist ein Ort zum Genießen zu jeder Jahreszeit: Im Frühling weht der Duft der Apfelblüten über die Stellplätze im Obstgarten. Im Sommer kann sich jeder sein eigenes schattiges Plätzchen unter Bäumen suchen. Mit der Obsternte kommen dann die ersten Apfelgerichte und hofeigener Honig auf den Tisch. Weinproben und kulinarische Feste versüßen den Herbst. Und auch im Winter ist der Platz eine Reise wert, wenn die schneebedeckten Schweizer Berge jenseits des Sees eine imposante Kulisse für Spaziergänge in klarer Luft bieten. Es ist die besondere Mischung aus Naturerlebnis, dem Gefühl, herzlich willkommen zu sein, und einem besonderen Angebot an Wellnessanwendungen und Aktivitäten, die den Wirthshof so attraktiv macht.

Auch wenn hier längst keine Obstplantagen bewirtschaftet werden, so ist das ländliche Ambiente geblieben. Architektonisch ist die Anlage dennoch luftig und modern gestaltet, mit viel Holz und Naturmaterialien, in der Hofschenke ebenso wie im Laden, der neben einem ausgewählten Sortiment an Grundnahrungsmitteln viele Köstlichkeiten der Region auch unverpackt anbietet.

Zum Wasserfall am **Rinkenburger Tobel**
▸ 20 km/1 Std.

Nach **Ravensburg** und bei einem kulinarischen Stadtgang durch die historische Altstadt genussvoll Geschichte und typische Gerichte kennenlernen
▸ 18 km/20 Min.

Auf die **Blumeninsel Mainau** (www.mainau.de) und dort als »Inselgärtner für einen Tag« mit den Profis unterwegs sein
▸ 22 km/1 Std. 30 Min.

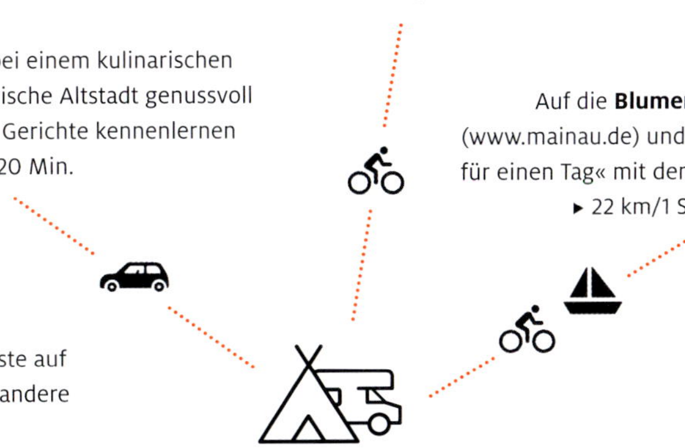

◂ Im Wirthshof werden die Gäste auf die Matte geschickt: Yoga und andere Aktivitäten sind im Angebot.

6 GENUSSVOLLE AUSZEITEN MIT FACKELN UND STERNEN

KUR- UND FERIENCAMPING MAX I ★★★★½

▸ Falkenstr. 12, 94072 Egglfing, Tel. +49 85 37/961 70, GPS: 48.33285, 13.31428333

■ pincamp.de/sb1840

»Sind die Camper mal lädiert, werden sie bei uns therapiert«, lacht Florian Bauer, während er duftendes Massageöl in seine Hände tropfen lässt. Im Camping Max 1 kümmern sich Bauer und sein Team um das Wohlbefinden der Gäste. Sie lassen duftende Schaumbäder für jene ein, die sich eine genussvolle Auszeit gönnen möchten, führen Anwendungen wie Lymphdrainagen, Elektrotherapien oder Gelenkmobilisation durch oder geben Kurse zu Muskelentspannung und Rückenschule. Auch gemeinsames Nordic Walking ist im Angebot – durch die idyllische Wiesenlandschaft im Naturschutzgebiet Unterer Inn mit seinen Altwassern und Auwäldern, die die Einheimischen augenzwinkernd »bayerische Camargue« nennen.

Die 2015 fertiggestellte Badelandschaft mit Thermalwasserpools drinnen und draußen, Saunen, Dampfbad und eigenem Therapiezentrum ist nicht nur ein Ort zum Wohlfühlen. Hier sind auch verordnete Behandlungen und ambulante Badekuren auf Rezept möglich, sodass Campinggäste zum Thermalbaden und Kuren den Platz nicht verlassen müssen. Es ist gar nicht so einfach, im Max 1 sein Lieblingsfleckchen zu finden: Im Aromabad unterm Sternenhimmel? Im Liegestuhl am Naturbadesee, in einem Day Bed auf der Liegewiese? Oder völlig tiefenentspannt am flackernden Kamin im Ruheraum? Kulinarisch werden ebenso alle Wohlfühl-Register gezogen: vom Frühstücksservice bis zum sommerlichen Grillabend im Fackelschein.

SPRUDELNDES WOHLBEFINDEN

Eigentlich hatte man nach Erdöl gesucht, gefunden wurde 1938 jedoch Thermalwasser. Heute ist Bad Füssing ein namhafter Kurort, in dem 56 °C warmes Wasser gefördert wird, das bei Gelenk- und Wirbelsäulenleiden, Osteoporose und Stoffwechselkrankheiten sowie zur Rehabilitation nach Herzinfarkten genutzt wird. Einen Kurbetrieb gibt es hier seit den 1950er-Jahren. Heute zählt Bad Füssing zu den vielfältigsten Thermen Europas: mit den vier öffentlichen Kureinrichtungen Therme Eins, Europatherme, Johannesbad und Saunahof sowie 17 weiteren Gastgebern mit eigenen Thermalbädern.

Eine gute Gelegenheit, die ganze Vielfalt des Angebots kennenzulernen, bieten die Bad Füssinger Gesundheitswochen im Frühling. Dann offerieren die lokalen Thermen besondere Schnupperangebote, die Kurgärtnereien ermöglichen einen Blick hinter die Kulissen und im Kurpark werden Yoga, Qigong und Klangschalenmeditation unter freiem Himmel praktiziert.

Auf der zweiten Etappe des Römerradwegs (www.roemerradweg.de) nach **Kirchheim** mit Zwischenstopp beim Römermuseum in Altheim
▸ 40 km/3 Std.

Am Inn-Ufer entlang in die Barockstadt **Schärding** mit einer Rast im duftenden Gewürzkräutergarten beim Hessen-Rainer-Platz
▸ 20 km/1 Std.

Ausflug in die Drei-Flüsse-Stadt **Passau** mit einer Stadtführung auf dem Wasser (www.donauschifffahrt.eu)
▸ 35 km/30 Min. (Auto), 45 Min. (Schiff)

◂ Schwimmen und Badekuren im Thermalwasser: die Badelandschaft im Kur- und Feriencamp Max I

Nicht nur für Golf-Freunde ein Paradies:
Auf dem Preishof findet jeder sein Urlaubsglück.

7 SAUNA-ABENTEUER UND FANGOPACKUNG

CAMPING PREISHOF ★★★

▸ Angloh 1, 94148 Kirchham, Tel. +49 853/791 92 00,
GPS: 48.33861667, 13.28396667
▪ pincamp.de/sb1800

Urlaub auf dem Preishof bedeutet Entspannung pur zwischen Golfplatz und Fangopackung. Von dem idyllisch gelegenen kleinen Platz geht es direkt auf den landschaftlich reizvollen und sportlich anspruchsvollen 18-Loch-Meisterschaftsgolfplatz. Hier kann man sich vertrauensvoll in die Obhut von Hans Branghofer begeben, der als Golf-Physiotrainer ein wachsames Auge darauf hat, dass der Golfschwung rücken- und gelenkschonend ausgeübt wird. Wer keine Lust aufs Green hat, kann sich auf dem Preishof aber auch als Nicht-Golfer in seine heilenden Hände begeben.

Aktivurlauber werden sich hier wohlfühlen. Radtouren führen vom Platz aus entlang des Inn bis ins 25 km entfernte Braunau mit seinem hübschen historischen Kern und den einladenden Gastgärten am Stadtplatz.

Ein besonderer Erlebnisausflug ist eine Fahrt zum »Saunahof« im 4 km entfernten Bad Füssing. Allein das Ambiente ist dort außergewöhnlich, weil Schwitzstuben und Massagekabinen in einem historischen Rottaler Vierseithof untergebracht sind. Drinnen schwitzt man in einer nach Wald duftenden Jaga-Sauna, in der Perchten-Sauna unter furchteinflößenden Masken, im historischen Kartoffelkeller oder im alten Gewölbe. Die exklusivsten Plätze zum Ausruhen im Saunahof sind die Privat-Lounges, in die man sich zwischen Saunagängen und Wellnessanwendungen zurückziehen kann. Wie wär's zum Beispiel mit einer Wohlfühlstunde im Hirsch- oder Bergkammerl mit Kamin, Minibar und Terrasse?

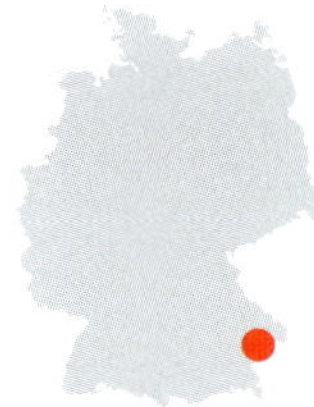

8 THERMALKRAFT TANKEN IN DER BAYERISCHEN TOSKANA

VITAL CAMP BAYERBACH ★★★★½

▸ Huckenham 11, 94137 Bayerbach, Tel. +49 85 32/927 80 70, GPS: 48.41534999, 13.12996667

■ pincamp.de/sb1740

Naturbadesee oder Thermalhallenbad? Im Vital Camp Bayerbach haben die Gäste die Qual der Wahl.

Der schönste Ort des Vital Camps liegt unter den Weiden direkt am Naturbadesee – das finden zumindest die Wasserratten unter den Gästen. Wer hier nächtigt, kann gleich nach dem Aufstehen über die noch feuchte Wiese zum Baden schlendern. Schwimmen und Nichtstun – auf diese Weise lassen sich hier wunderbar ein paar entspannte Urlaubstage verbringen. Doch egal auf welchem Platzteil man sich niederlässt, nirgends ist es weit zum Wasser. Das gilt auch für das schwefelhaltige Thermalwasser im Hallenbad, das beruhigt und die Abwehrkräfte stärkt. Im Vital Camp wird es auch für physikalische Therapien und Badekuren genutzt. Wer hier wie schwerelos ins Wasserbett sinkt oder sich mit duftenden Ölen massieren lässt, hat den Alltag schnell vergessen. Das Nature Camp mit Lagerfeuerromantik und Platz zum Zelten auf terrassierten Wiesen ist die ursprünglichste Art, das Vital Camp zu erleben. Die modern ausgestatteten Stellplätze am Hang sind die aussichtsreichsten. Bayerisch-behaglich kommen die Ferienhäuschen im modernen Alpin-Style daher, cool und modern die geräumigen Mobilheime.

GOLFERTRÄUME

Das von Flussläufen und Bächen durchzogene niederbayerische Bäderdreieck zwischen Bad Birnbach, Bad Griesbach und Bad Füssing wird manchmal auch »Bayerische Toskana« genannt. Doch es sind nicht allein die Thermen mit ihren heilkräftigen Quellen, die die Region zwischen Donau und Inn bei Reisenden so beliebt machen. Auch Golfer schätzen das weite Hügelland, in dem einige renommierte Plätze zu finden sind. Bekannt ist die Region unter anderem für das größte zusammenhängende Golf-Resort Europas. In Bad Birnbach macht der Golfpark Bella Vista seinem Namen alle Ehre, landschaftlich ausgesprochen reizvoll mit Blicken über das Rottal.

▸ www.badbirnbach.de/bella-vista-golfpark

9 UNENDLICH RELAXT MIT INFINITYPOOL

CAMPING RESORT BODENMAIS ★★★★½

▸ Regener Str. 45, 94249 Bodenmais, Tel. +49 99 24/943 20 80, GPS: 49.060025, 13.104345

■ pincamp.de/nb9375

Was für ein Morgen! Hinter dem Arber zeichnet sich schon schimmernd die aufgehende Sonne ab. Es wird wohl wieder ein schöner Tag werden – perfekt, um ihn draußen zu verbringen. Wie und wo genau? Das wird beim Frühstück besprochen, das auf Wunsch im Körbchen direkt an den Stellplatz geliefert wird: eine von vielen Annehmlichkeiten, die Camper auf der 2020 eröffneten Anlage am sonnigen Hang genießen können.

Naturnahes Camping wollte Familie Weikl mit Hotelkomfort verbinden. So schufen sie in ihrem Heimatort im Bayerischen Wald mit viel Liebe zum Detail eine Anlage, auf der man sich bisweilen fragt, ob man tatsächlich noch auf einem Campingplatz ist. Hotel-Feeling kommt hier an jeder Ecke auf, etwa in den Sanitäranlagen und Mietbädern mit viel Platz und hochwertig-eleganter Ausstattung oder im Restaurant, wo altes Holz und modernes Design für gemütliches Ambiente sorgen. Star der Anlage ist aber der Wellnessbereich: Auf 850 m² warten unterschiedliche Saunen, Ruheräume und andere Wohltaten. Im Infinity-Skypool hat man das Gefühl, direkt in die Berge hinein zu schwimmen, und von der blubbernden Massagebank aus schweift der Blick über Harlachberg, Kronberg und Silberberg.

Wer hierher kommt, tut seiner Lunge etwas Gutes. Im heilklimatischen Kurort Bodenmais vereinen sich die wohltuenden Klimabedingungen des Mittelgebirges und des Waldes, was »Körper, Geist und Seele stärkt«, wie die Einheimischen aus Überzeugung erklären. Die Möglichkeiten, das gesunde Klima zu genießen, sind vielfältig, denn die Natur bietet unzählige Gelegenheiten für Aktivitäten. Doch die Region ist auch eine uralte Kulturlandschaft, die von den Einheimischen mit großer Leidenschaft gepflegt und präsentiert wird – dazu zählen Dorfbäcker und »Hergottschnitzer« genauso wie Messerschmied, Bierbrauer und Glasbläser. Mit der »GUTI«-Gästekarte und der »aktivCard Bayerischer Wald« sind nicht nur Regionalverkehr und etliche Freizeitmöglichkeiten kostenlos. Auch die Gesundheitskurse im Vital-Zentrum sind inklusive.

ENDLOS GLEITEN

Skilanglauf hat Suchtpotential. Das Naturerlebnis mit sportlicher Aktivität im Schnee sorgt schon bei Anfängern für gute Laune. Die gelenkschonenden Bewegungen an der frischen Luft stärken das Herz-Kreislauf-System und trainieren alle Muskeln. Wohltuender lässt sich die Winterwelt kaum erleben. Bodenmais mit seinem schneesicheren Aktivzentrum Bretterschachten bietet 114 Loipenkilometer mit einfachen Runden für Neulinge und anspruchsvollen Strecken für Ambitionierte. Vom Camping Resort Bodenmais verkehrt ein kostenloser Skibus.

Zu den **Rißloch-Wasserfällen**, die in mehreren Kaskaden 55 m in die Tiefe stürzen
▸ 4,4 km/1 Std. 15 Min.

Besuch im historischen **Silberbergwerk**; im Heilstollen des ehemaligen Erzbergwerks gibt es auch Kuren gegen Atemwegserkrankungen
▸ 3 km/20 Min.

Nach Schweinhütt zur **Woidsiederei** (www.woidsiederei.de) mit einem duftenden Schau- und Lehrgarten, aus dessen Gewächsen ätherische Öle hergestellt werden
▸ 12 km/45 Min.

◂ Der moderne Wellnessbereich im Camping Resort Bodenmais setzt Maßstäbe in Sachen Saunakomfort.

10 TIEF DURCHATMEN IM TAL DER HUNDERT TÄLER

CAMPING MÜNSTERTAL ★★★★★

▸ Dietzelbachstr. 6, 79244 Münstertal, Tel. +49 76 36/70 80, GPS: 47.86016666, 7.76383332

■ pincamp.de/wb1850

Allein die friedliche Stimmung am Morgen lohnt das frühe Aufstehen. Wenn der Tag erwacht und der Hausberg Belchen durch den Frühnebelschleier spitzt, zeigt sich die Region Münstertal besonders zauberhaft – und mit Wassergymnastik im beheizten Freibad des Campingplatzes ist die Müdigkeit schnell aus den Gliedern geschüttelt.

Die Luft, die Campinggäste hier atmen, ist jedoch zu jeder Tageszeit ausgezeichnet. Münstertal und der Nachbarort Hofsgrund gelten als die beiden Luftkurorte Deutschlands mit der saubersten Atemluft. In tiefen Zügen genießen kann man diesen Luxus direkt am Platz oder bei ausgedehnten Ausflügen im »Tal der hundert Täler« im Südschwarzwald. 200 km beschilderte Wanderwege durch das herrlich hügelige Land stehen zur Auswahl. Im Frühling sind die Wiesen verziert mit blühenden Obstbäumen, das ganze Jahr sind sie gesäumt vom tiefgrü-

Nach Bad Krozingen zu einem Entspannungstag in der **Vita Classica Therme**
▸ 12 km/15 Min.

Eine Wanderung mit Aussicht auf den 1414 m hohen **Belchen** mit Blick über Rheintal, Vogesen und bei klarer Sicht bis zu den Alpen
▸ 9,5 km/2 Std.

Zum idyllisch gelegenen **Nonnenmattweiher**, wo ein schöner Badeplatz am Nordufer wartet
▸ 14 km/45 Min.

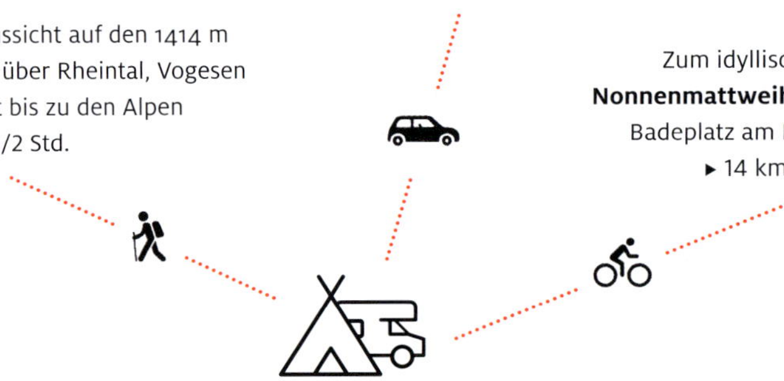

Nach der sportlichen Betätigung ist auf dem Campingplatz Münstertal für ausreichend Regeneration gesorgt.

nen Wald. Es warten insgesamt 100 km Mountainbike-Strecken mit zwei Single-Trails. Und auch im Winter geht es sportlich weiter: Der Ort liegt inmitten eines gut gepflegten Loipennetzes. Aktive Reisende sind hier bestens aufgehoben – und können sich nach der sportlichen Betätigung auf die entspannten Seiten des Platzes und seiner Umgebung freuen. Die Gäste erleben hier ein fast kitschig-schönes Schwarzwaldidyll mit schindelgedeckten Häuschen, offenem Kamin in der Rezeption und modernen Sanitärgebäuden mit gemütlichem Kachelofen.

Seitdem sich Oma und Opa Ortlieb 1968 den Traum vom eigenen Campingplatz erfüllten, kümmert sich die ganze Familie engagiert um ihre Gäste: mit frischen Frühstücksbrötchen aus dem »Lädle«, entspannenden Kräuterbädern und duftenden Aufgüssen in der Sauna oder beim obligatorischen Stück Schwarzwälder Kirschtorte zum Nachmittagskaffee. Hier lässt es sich einfach gut aushalten.

KRAFTVOLLES ATMEN

Silber, Kupfer, Blei und später Flussspat wurden seit dem Mittelalter in der Grube Teufelsgrund gefördert, ehe man sie 1958 stilllegte. Inzwischen fährt man hier wieder ein, und zwar nicht nur im Besucherbergwerk. In einem Seitenstollen inhalieren Asthmatiker und Allergiker besonders reine Luft mit hoher Luftfeuchtigkeit. Patienten lernen jedoch nicht einfach tief einzuatmen. Auch Atemtechnik, -achtsamkeit und atemgymnastische Übungen gehören zum Programm. Und weil Bergwanderungen eine ideale Ergänzung zum Einliegen im Heilstollen bilden, wartet in der Umgebung ein großes Netz an Kur- und Terrainwegen.

▸ www.besuchsbergwerk-teufelsgrund.de

11 GENÜSSLICH IM SCHWITZKASTEN

CAMPING KIRNERMARTESHOF ★★★½

▸ Vörlinsbach 22, 79254 Oberried, Tel. +49 76 61/973 90 00, GPS: 47.9302, 7.959

■ pincamp.de/wb1620

Wer schon immer mal in Milch und Honig baden wollte – auf dem Kirnermarteshof gehört das zum ganz normalen Wohlfühlprogramm. Die Wannenbäder im Holzzuber sind Teil des genussvollen Angebots, das den Urlaub auf dem Bauernhof im Dreisamtal so besonders macht. Die »Wohlfühl-Oase« des Platzes macht ihrem Namen alle Ehre. Stundenweise kann man sie auch als privates Spa reservieren und mit dem »Schwitzkasten« kombinieren. Danach locken kuschelige Decken, die auf einer der gemütlichen Schaukel-Liegen zum Dösen einladen.

Auf dem Kirnermarteshof, der sich über dem Dreisamtal direkt neben dem Bauernhof von Familie Jautz an einem Hang ausbreitet, lassen sich herrlich entspannte Ferien verbringen. Wen muhende Kühe und ein bisschen Landluft nicht stören, kann hier sein ganz persönliches (Urlaubs-)Paradies finden. Obstbäume trennen die Stellplatzreihen voneinander, die sich zwischen Hof und Wiesen entlangziehen, und an sonnigen Frühlingstagen trägt der Wind den Duft der Blüten über den Platz. Viele der Früchte, die im Lauf eines Camping-Sommers auf dem Areal heranreifen, landen später in der hofeigenen Schnapsbrennerei, wo sich die beiden Großväter der Familie ums Hochprozentige kümmern. In elegante Flaschen gefüllt findet man die Tropfen aus Mirabelle, Apfel, Birne oder Tannenzapfen auch im »Hoflädele«. Vom Bauernhof-Eis bis zur Arnika-Tinktur reicht hier das Angebot.

Das Campingdomizil schlägt man hier zwischen Ponywiese und grasenden Kälbchen auf. Sanitärgebäude und Ferienwohnungen lassen an gehobene Hotellerie denken, und wer im Urlaub einen Waschtag einlegen muss, kann in der Lounge mit Panoramafenster einen grandiosen Blick aufs Dreisamtal genießen, bis die Wäsche erledigt ist. Gäste, die nicht mit eigenem Zelt, Camper oder Wohnwagen anreisen, können sich eines der »schnuckeligen Schatzkästle« mieten, wie Hausherrin Carolin Jautz-Gänswein ihre Mobilheime nennt. Auf dem Kirnermarteshof erinnern sie eher an Tiny Houses mit duftendem Holz, minimalistisch-moderner Eckbank und Stockbett drinnen und einem Essplatz mit fantastischer Aussicht davor.

Das Dreisamtal lockt mit zahlreichen Rad- und Wanderstrecken Aktivurlauber in die Region.

12 RUHEINSEL IM SCHWARZWALD

CAMPINGPLATZ LANGENWALD ★★★★½

▸ Straßburger Str. 167, 72250 Freudenstadt, Tel. +49 74 41/28 62, GPS: 48.45908332, 8.37296667

▪ pincamp.de/wb5250

Wer sich ohne Handy-Empfang und Internet nicht wohlfühlt, der sollte ein anderes Ziel wählen. Camper, die es hingegen genießen, einmal nicht permanent erreichbar zu sein, sind hier genau richtig. Das ehemalige Gelände der Schlehschen Sägemühle liegt mitten in der Natur und so weit weg vom Trubel des Alltags, dass man garantiert zur Ruhe findet.

Auch wenn hier schon lange kein Mühlrad mehr klappert, ist die bewegte Vergangenheit dieses besonderen Ortes bis heute präsent. Schon bei der Fahrt aufs Gelände passiert man die ersten Mühlräder. Vor dem Rezeptionsgebäude steht das nächste Relikt von einst, und drinnen dienen alte Gerätschaften als Blickfang. Und diese Liebe zum Detail findet sich auf dem gesamten Platz. Wie eine Insel breitet er sich mitten im Wald aus. Glucksend schlängelt sich der Forbach durch das Areal. Ein bisschen versteckt schmiegt sich der ehemalige Mühlkanal in die Landschaft und keine fünf Gehminuten entfernt der mehr als idyllisch gelegene Langbrunnenweiher, ein herrlicher Ort, um den jungen Tag mit Gymnastik am Ufer zu begrüßen oder am Abend ein Feuer zu machen.

Der Langenwald ist ein Platz zum tief Durchatmen. Nicht nur, weil Familie Eiermann mit viel Leidenschaft und Erfahrung ein herzlicher Gastgeber ist. Tatsächlich ist das 3,5 km entfernte Bilderbuchstädtchen Freudenstadt heilklimatischer Kurort. Höhenlage und Wälder sorgen für reine Luft und mildes Reizklima. Wer tiefer in die Natur der Gegend eintauchen möchte, schließt sich dem gemeinschaftlichen Waldbaden oder Themenwanderungen an. Man kann natürlich auch allein die Wanderschuhe schnüren und direkt am Platz in den Heilklima-Wanderweg einfädeln.

In den kältesten, schneereichsten Wochen des Jahres macht der Campingplatz Pause. Dann ist es Zeit, eine der gemütlichen Blockhütten zu mieten und direkt vor der Tür die Winterwunderwelt in vollen Zügen zu genießen.

EINE SPUR WILDER

Kann man hier nicht mal aufräumen? Manch einen mag es stören, wenn Totholzstämme wie riesige Mikadostäbe im Wald herumliegen und vom Sturm umgeworfene Bäume samt Wurzelballen den Blick versperren. Rinde zerfällt, Pilze sprießen, überall wuchert zartes Grün. Alle, die genau wissen wollen, wie wertvoll diese Unordnung für die Natur im Nationalpark Schwarzwald ist und welche Rolle die Park-Ranger dabei spielen, können in den Sommermonaten mehr erfahren bei einem Besuch der Rangerstation Tonbachtal.

▸ www.nationalpark-schwarzwald.de

Ins **Panorama-Bad Freudenstadt** (www.panorama-bad.de), wo man in den Erlebnisgrotten abtauchen oder sich eine Massage gönnen kann ▸ 5 km/8 Min.

Auf schönen Waldwegen zur 250 bis 300 Jahre alten **Großvatertanne**, der mit 46 m Höhe mächtigsten Tanne des Schwarzwaldes ▸ 5 km/1 Std. 10 Min.

Nach Alpirsbach-Ehlenbogen zu einer **Rauszeit im Wald** (https://meinerauszeiten.jimdosite.com) mit Morgen-Yoga, Qigong am Kinzigufer oder Waldmeditation ▸ 22 km/25 Min.

◂ Mehr Schwarzwald geht nicht: In Langenwald können Erholung suchende Camper tief durchatmen.

13 SEELEN-CAMPING IM HERZEN DER NATUR

CAMPING KÖNIGSKANZEL ★★★★½

▸ Freizeitweg 1, 72280 Hallwangen, Tel. +49 74 43/67 30, GPS: 48.48011667, 8.5005

■ pincamp.de/wb5350

Ihrer herrlichen Lage auf einer aussichtsreichen Anhöhe verdankt die Königskanzel im Luftkurort Dornstetten ihren Namen. Grüne Wiesen und Bäume prägen das Bild und es gibt jede Menge Möglichkeiten, die Natur mit allen Sinnen zu genießen. Mitten im Herzen der Natur residiert man im Höhencamping Königskanzel auf einem Aussichtsplateau über den Hügeln. Die Parzellen des Platzes sind großzügig bemessen, auf Wunsch kann ein Privatbad gemietet werden. Gäste ohne Camper oder Zelt können sich in stilvolle Blockhäuser mit viel hellem Holz zurückziehen.

Die Anlage bietet einen Spielplatz, Schwimmbad, Sportanlagen, eine Grillhütte, aber keinerlei künstliche Spielwelten und laute Animation. Die vermisst auf dem Platz von Familie Eiermann aber auch niemand. Das Fehlen solcher Attraktionen machen Angebote wie das Naturkosmetikstudio mehr als wieder wett. Dort werden nach Wanderungen die Füße und verspannte Rücken verwöhnt. Ganzkörper-Massagen stellen von Kopf bis Fuß auf Urlaub ein.

Ein Bilderbuchstädtchen, das einen Besuch lohnt, ist der an der Deutschen Fachwerkstraße gelegene Luftkurort Dornstetten. »Juwel zwischen Mittelalter und Moderne« nennen es die Touristenbroschüren, und wer durch die Altstadt mit ihren verwinkelten Gassen und schmucken, ochsenblutfarbenen Fachwerkhäusern spaziert, wird daran nicht zweifeln. Für alle Arten von Zweirädern – egal ob Rennrad, Mountainbike, E-Bike oder Gravelbike – gibt es in der Umgebung eine perfekte Infrastruktur und gut präparierte Routen. Zudem pflegt der hiesige Schwarzwaldverein ein gut ausgeschildertes Wanderwegenetz. Doch eigentlich möchte man so gar nicht weg, wenn man rund um die Königskanzel die klare Luft und den weiten Blick einmal genossen hat. Vor allem an den Tagen, an denen die Täler mit Nebel bedeckt sind, fühlt man sich hier wie im siebten Himmel.

AUF SANFTEN SOHLEN

Barfuß laufen heißt nicht einfach nur Schuhe und Strümpfe ausziehen und drauflos wandern. Wer sich darauf einlässt, kann auch seiner Gesundheit etwas gutes tun. Während man den Boden unter den Sohlen spürt – warm, kalt, feucht oder trocken, federnd weich auf Moos oder auf piksenden Tannennadeln –, werden Durchblutung und Konzentration gefördert. Beim Barfußwandern erlebt man die Natur besonders intensiv und entspannt, vor allem, wenn es so viele unterschiedliche Bodenbeläge gibt, wie im 2,4 km langen Barfußpark von Dornstetten. Spannend wird es bei den Wanderungen zur »Dunkelzeit«, wenn die Schwarzwaldsagen lebendig werden.

▸ www.dornstetten.de/barfusspark

Ausflug zur **Dorotheenhütte** (www.dorotheenhuette.info), wo man in der letzten Kristallglashütte im Schwarzwald den Glasmachern bei der Arbeit zusehen kann
▸ 45 km/50 Min.

Zum **Aussichtsturm Königskanzel**, mit Blick auf die Schwäbische Alb und an klaren Tagen sogar bis zu den Alpengipfeln
▸ 1,5 km/20 Min.

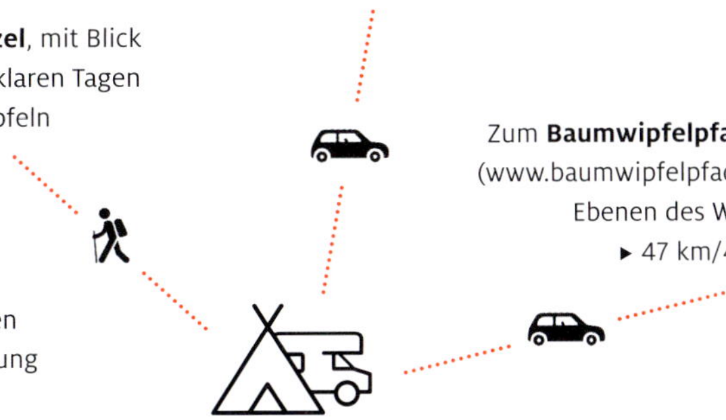

Zum **Baumwipfelpfad in Bad Wildbad** (www.baumwipfelpfad.de), der durch alle Ebenen des Waldes führt
▸ 47 km/45 Min.

◂ Ursprüngliche Orte zum Kraft tanken gibt es reichlich in der wilden Umgebung der Königskanzel.

14 ODENWALD FÜR ALLE SINNE

CAMPING PARK HAMMELBACH ★★★½

▸ Gasse 17, 64689 Hammelbach, Tel. +49 62 53/38 31, GPS: 49.63271667, 8.83029999

■ pincamp.de/hs8250

Hammelbach, das sich selbstbewusst »schönster Ort im Odenwald« nennt, ist ein Ort für alle Sinne. Tief einatmen kann im Luftkurort auf der Passhöhe zwischen Weschnitztal und Ulfenbachtal nicht schaden. Das milde Reiz-Schonklima gilt als Wohltat für Herz, Kreislauf und Nerven und hat auf 440 m Höhe besonders viele klare Tage zu bieten.

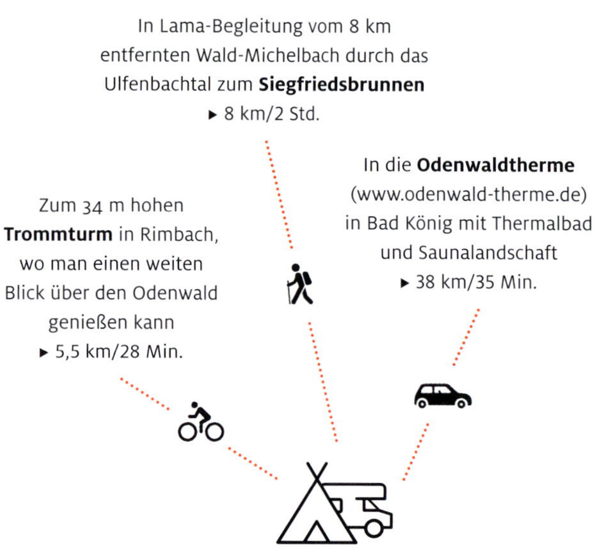

Die Gegend ist aber auch ein Hingucker mit viel Grün, tiefen Wäldern und hügeligen Streuobstwiesen rund um das hübsche Dorf, das mit schmucken Fachwerkhäusern und einem historischen Backhaus aufwarten kann. Und sogar die Ohren bekommen hier ihr Wohlfühlprogramm: Vogelgezwitscher und das Glucksen des Wassers an der Weschnitzquelle sorgen für Beruhigung, auf dem Klangwanderweg streicht der Wind durch Harfen und Windspiele in den Bäumen, bringt die Windleier mal höher, mal tiefer zum Summen. Am Waldxylophon dürfen Wanderer ausprobieren, welches Holz am schönsten klingt, wenn es angeschlagen wird.

Nur fünf Minuten sind es zu Fuß vom Campingpark jenseits des Hammelbachs zum Ausgangspunkt des Klangwanderwegs. Inmitten der malerischen Hügel liegt das parkähnliche Campinggelände, das Familie Hörr mit viel Leidenschaft pflegt. Straßenlärm braucht man hier nicht zu fürchten, stattdessen eröffnen nahezu alle Stellplätze freien Blick

Streuobstwiesen und saftiges Grün prägen den Landstrich rund um den Geo-Naturpark Bergstraße-Odenwald.

über Wälder und Täler. Jeder einzelne ist großzügig bemessen und lädt dazu ein, die Tage gemütlich auf der Anlage zu verbringen. Peter Hörr war schon als Kind auf dem Platz, den sein Großvater gründete und den er heute gemeinsam mit seiner Mutter führt. Die herzliche Gastfreundschaft ist geblieben. Neu dazugekommen ist ein Wellnessbereich mit Sauna, Dampfbad und Hydro-Jet-Massage sowie Tauchbecken auf der Liegewiese. An Schlechtwetter-Tagen ruht man im Wintergarten.

Vor allem aber ist der Campingpark ein idealer Ausgangspunkt, um den Geo-Naturpark Bergstraße-Odenwald zu erkunden, egal ob zu Fuß oder mit dem Fahrrad. Besonders spannend ist es, bestimmte Geopunkte anzusteuern, mit denen man die Region aus verschiedensten Blickwinkeln erkundet. Mit dem Auto sind es nur kurze Abstecher bis nach Heidelberg oder in die »Vier-Burgen-Stadt« Neckarsteinach, wo traumhafte Fachwerkromantik wartet.

HELDENLAND ROMANTISCH

Das Heldenepos der Nibelungen haben schon Generationen von Schulkindern gelesen. In der Region, die von den Touristenbüros heute »Nibelungenland« genannt wird, soll sich die Geschichte über ritterliche Werte, Neid und Eifersucht zugetragen haben. Den historischen Wurzeln folgen Nibelungen- und Siegfriedstraße, der Qualitätswanderweg Nibelungensteig schlängelt sich auf reizvollen Wegen über 130 km durch den Odenwald – wildromantische Natur, spektakuläre Aussichten und hübsche Fachwerkdörfer inklusive. Burgen, Schlösser und Klöster lassen die Vergangenheit greifbar werden.

▸ www.nibelungenland.net

15 BARFUSS IM WELLNESSGARTEN

CAMPINGPLATZ BOSTALSEE ★★★★☆

▸ Am Campingplatz 1, 66625 Bosen, Tel. +49 68 51/801 80 50, GPS: 49.56065, 7.06099999

■ pincamp.de/sr1000

Natur erlebt man am besten mit allen Sinnen. Also: Schuhe und Strümpfe aus und barfuß gehen! Die Wiesenwege in Deutschlands größtem privaten »Apotheken-Gift- und Heilkräutergarten« in Türkismühle sind extra für diesen Zweck kurz gemäht, sodass man auf dem 4000 m² großen Gelände jederzeit sehen kann, wo man hintritt. Die Route über einen trockenen Südhang führt Gäste nicht nur zu duftenden Blüten, opulenten Büschen und verborgenen Schönheiten, sondern auch direkt hinein in die Geheimnisse der Heilkräuterkunde.

Das vom Apotheker Karl-Heinz Potempa vor 50 Jahren angelegte und von seiner Familie mit gleicher Leidenschaft weitergepflegte Kleinod (www.gift-heilkraeutergarten.de) ist nur einer von mehreren sehenswerten Themengärten im Sankt Wendeler Land. Im duftenden christlich-biblischen Garten der Margarethenkirche in Niederkirchen geht es um klösterliche Tradition und biblische Geschichten. In Gonnesweiler streift man durch einen alten Englischen Landschaftsgarten (www.gonnesweiler.de), während die Benediktiner in Deutschlands ältestem Kloster Tholey ihren Garten nach barockem Vorbild neu gestaltet haben und Obstbau und Imkerei betreiben (www.abtei-tholey.de). Auf dem Wendelinushof St. Wendel kann man Kräuter nicht nur riechen und betrachten, sondern die Lieblingspflanzen auch kaufen und ein Stück vom Urlaub mit ins heimische Beet nehmen (www.wendelinushof.de).

Natur erleben Reisende im Sankt Wendeler Land aber nicht nur bei entspannten Streifzügen durch gepflegte Gärten. Der Bostalsee schmiegt sich idyllisch in die hügeligen Ausläufer des Naturparks Saar-Hunsrück, und es sind nur fünf Gehminuten vom See bis zum Campingplatz. Viel Grün prägt das Platzareal mit Zeltwiesen, Stellplätzen und einem kunterbunten Märchendorf mit heimeligen Holzhäuschen für Familien. Auch Kinder sind begeistert von den Mietunterkünften, besonders wenn eine Rutsche den Weg vom Balkon in den Garten abkürzt.

Die Großen treffen sich zum Waldbaden am Pavillon an der Seepromenade oder starten direkt vom Platz aus auf den 6,8 km langen Nordic-Walking-Rundweg am See. Insgesamt gibt es zehn solcher ausgewiesenen Strecken, auf denen die reizvollsten Ecken der Region sportlich erkundet werden können. Kulinarische Köstlichkeiten, vom Streuobstwiesenhonig bis zum Leinöl, kann man unterwegs kaufen – oder am »Regio-Maten« auf dem Platz, der regelmäßig mit Bioprodukten für die Campingküche aufgefüllt wird. Nach den Aktivitäten in der Umgebung lockt eine Abkühlung im See oder Entspannung pur in einer der Saunen auf dem Platz. Mehr Wellness und auch Massagen warten in den nahe gelegenen Freizeitparks am See.

Und wer Camping einmal ganz anders erleben möchte, kann sich im Sleeperoo Cube niederlassen: An einem einsamen Fleckchen steht – quasi als Außenstelle des Campingplatzes – dieser Würfel auf einer geschützten Wiese am See. Ausgerüstet mit Knabberzeug und Getränken kann man sich hier in die Kissen kuscheln, durchs Dachfenster in den Sternenhimmel gucken und morgens direkt vom Bett in den See springen, Privatsphäre garantiert.

◂ In den Holzhütten im Märchendorf am Bostalsee können sich Kinder mit ihren Familien so richtig austoben.

INTUITIV INS ZIEL

Zu Beginn ist alles noch ein bisschen ungewohnt. Wie halte ich den Bogen richtig? Wie wird der Pfeil eingelegt, die Sehne gespannt? Und wann ist der richtige Moment zum Loslassen, damit der Pfeil möglichst direkt ins Ziel flitzt? Aber mit jedem Versuch wird das Sportgerät vertrauter und das Schießen intuitiver. Bogenschießen ist entspannend, fördert Konzentrationsfähigkeit und Rückenmuskulatur und ist ein besonderes Vergnügen, wenn die Rahmenbedingungen stimmen – so wie in der Bogensport-Hochburg Saarland. Mit den Parcours am Schaumberg und in Biberburg gibt es hier zwei der schönsten Anlagen Deutschlands.

▸ www.dk-bowfactory.de

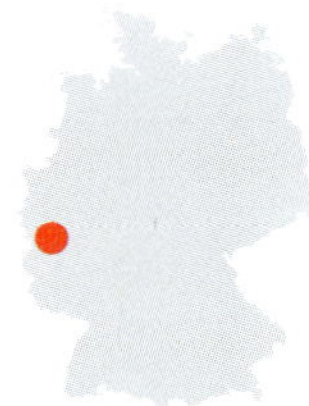

16 EIFEL-SPA UND SCHÄFERROMANTIK

EIFEL-CAMP FREILINGER SEE ★★★★

▸ Am Freilinger See 1, 53945 Freilingen, Tel. +49 2697/282, GPS: 50.41523333, 6.71871667

■ pincamp.de/rw7780

Hier darf jeder Gast guten Gewissens eine ruhige Kugel schieben. Eine Partie Boule am Abend gehört am Freilinger See ebenso dazu wie ein spontanes Beachvolleyball-Match auf dem Wiesenplatz. Und für die Ruhe danach ist in der »Chill Area« gesorgt, wo gemütliche Holzliegen warten. Tagsüber gelangt man vom Eifel-Camp direkt ins Wacholder-Naturschutzgebiet Lampertstal, das für seine blühenden Wiesen berühmt ist. Schöne Radstrecken führen unter anderem ins Ahrtal oder in den 30 km entfernten Nationalpark Eifel. Diese Routen nutzen mit Vorliebe Triathleten für ihr Training mit anschließenden Schwimmeinheiten im See. Nach dem Genuss der landschaftlich reizvollen Rad- und Laufstrecken lockt das gemütliche Eifel-Spa zur Entspannung. Doch natürlich ist der Besuch des Spas auch ohne Trainingsplan ein Vergnügen.

Wer hier seinen Urlaub verbringt, kann die Tage am Badesee in vollen Zügen genießen und auf Wanderungen die Besonderheiten der Vulkanlandschaft entdecken, die mit ihren Schluchten und Maaren die Eifel prägt. Besonders ist nicht nur die Umgebung. Auch die Ausstattung im Eifel-Camp kann sich sehen lassen – von der gemütlichen Zeltwiese und unterschiedlichen Stellplätzen bis hin zu besonderen Mietunterkünften wie dem Naturwagen mit Schäferromantik. Übrigens: Wem das Wetter nicht passt, darf früher abreisen und die Urlaubstage innerhalb eines Jahres nachholen.

Eingebettet in die Landschaft der Vulkaneifel lockt das Camp mit schönen Rad- und Wanderstrecken.

17 SAUNA-ABENDE IN DER VULKANEIFEL

CAMPING LANDAL WIRFTTAL ★★★★☆

▸ Wirftstr. 81, 54589 Stadtkyll, Tel. +49 65 97/929 20, GPS: 50.33886667, 6.53938332

■ pincamp.de/rp2600

Ob sie heute anbeißen? Wenn abends die sonnengelben Tretboote am Steg vertäut sind und die Badegäste längst ihre Taschen gepackt haben, zieht es die Angler an den kleinen See im Ferienpark im Gerolsteiner Land. Ein paar Enten schnattern noch in der Dämmerung und es duftet nach frisch Gegrilltem. Wer Idylle sucht, der findet sie hier.

Morgens genießt man die Stille am besten auf einem der bewaldeten Hügel in der Umgebung, wenn der Nebel noch wie eine Decke über dem Tal liegt und im Winter Reif und Schnee Bäume und Wiesen überziehen. Die Vulkaneifel mit ihren Bilderbuchdörfern, sanften grünen Hügeln und zahlreichen Seen bildet die Kulisse für den Campingplatz Wirfttal, der wie eine kleine Insel inmitten eines grünen Meeres liegt. Platzangst braucht hier keiner zu haben, egal ob beim klassischen Camping oder in einem der Ferienhäuschen. Vorgärten und Stellplätze sind großzügig bemessen und mit altem Baumbestand bewachsen, und wer auf der Terrasse vor einem der Safarizelte in erster Reihe am Ufer sitzt, hat das Gefühl, ganz allein zu sein.

Wanderschuhe und Fahrrad sind die bevorzugten Fortbewegungsmittel in einem Urlaub in der Vulkaneifel. Einige lohnende Touren beginnen direkt am Platz, doch dabei geht es nicht immer nur um schöne Aussichten. Eine Route führt zu Mineralquellen in der Nähe, eine andere – der Kosmosradweg – macht das Sonnensystem begreifbar. Und wenn man beschwingt von den neuen Eindrücken wieder zurück auf den Platz kommt, sorgt ein Bad im See – oder an kühlen Tagen ein Besuch in Schwimmbad, Whirlpool oder Sauna – für den perfekten Ausklang. Zum Abendessen hat man noch einmal die Qual der Wahl: Lieber direkt am eigenen Platz genießen? Oder im Lokal? Beides ist möglich.

STERNENWANDERER

Die Milchstraße mit bloßem Auge am Nachthimmel erspähen? In der Eifel ist das durchaus möglich. Weit weg von größeren Städten und jeder anderen Lichtverschmutzung befindet sich hier im Nationalpark Deutschlands erster Internationaler Sternenpark. Fasziniert schauen Besucher in den weiten Nachthimmel. Wer erfahren möchte, was genau dort oben gerade funkelt, sollte an der Astronomie-Werkstatt »Sterne ohne Grenzen« teilnehmen. Der Kölner Sternforscher Harald Bardenhagen begeistert mit seinen öffentlichen Himmelsbeobachtungen und Sternenwanderungen seine Gäste, spätestens, wenn sie einen Blick durch Teleskop oder Großfeldstecher werfen dürfen.

▸ www.sterne-ohne-grenzen.de

Zum Schloss Schmidtheim und in den Wäldern der dortigen Umgebung beim **Waldbaden mit einer Biologin** (www.waldbaden-eifel.de) Energie tanken
▸ 13 km/15 Min.

Zur **Prüm-Quelle** am Rand des Moorgebietes von Ormont
▸ 8,5 km/2 Std.

Durch den **Vulkangarten Steffeln** mit vielen Erlebnisstationen zu Geologie, Flora und Fauna
▸ 17 km/60 Min.

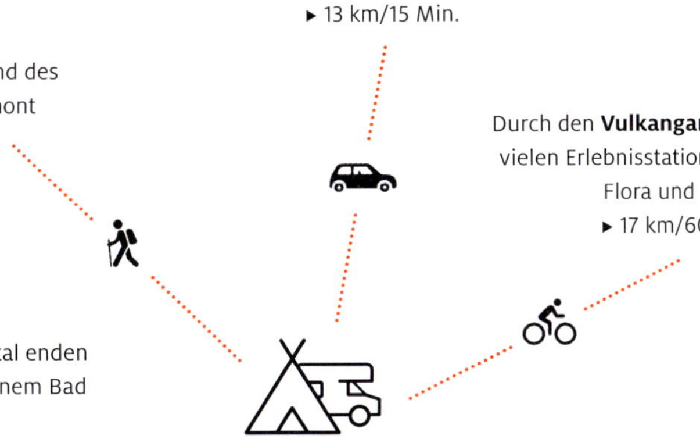

◂ Auf dem Campingplatz Wirfttal enden traumhafte Wellnesstage mit einem Bad im platzeigenen See.

18 RUHEPOL IM SILBERBACHTAL

CAMPING SILBERBACH ★★★

▸ Silberbachstr. 11, 08301 Bad Schlema, Tel. +49 37/72 37 20 32, GPS: 50.60662, 12.65821

■ pincamp.de/sn1820

Zu Fuß zur Kuranwendung spazieren? Auf dem kleinen Campingplatz im Silberbachtal ist das kein Problem. Auf einem Wiesenstreifen zwischen Wald und Bach, der dem Platz seinen Namen verlieh, verwirklichte die Familie von Peter Polusik 2008 ihren Traum vom eigenen Campingplatz, einem Ort, der nicht nur idyllisch gelegen und so überschaubar ist, dass man sich gleich heimisch fühlt. Die Polusiks bieten hier Camping auf ihre ganz eigene Art an.

Sie setzen ganz auf respektvolles Miteinander: Verbotsschilder wird man hier keine finden, ebenso wenig feste Zeiten für An- und Abreise, denn man will keinen Gast zum Warten vor den Toren zwingen, wenn er nach einer langen Anreise nicht passend ankommt. Gäste am Silberbach sollen sich wohlfühlen und nicht mit Regeln gegängelt werden. Ihren Lieblingsplatz können sie auf der ebenen, sonnigen Wiese frei wählen, die immer wieder von Büschen und Baumgruppen unterbrochen ist.

Wer sich hier in den Campingstuhl setzt, kann seinen Blick ins Grüne schweifen lassen und dabei Pläne schmieden, denn die umliegenden Bergrücken laden zu ausgiebigen Erkundungen ein. Direkt vom Platz aus führt ein Spazierweg zum Kurpark Bad Schlema mit seiner traditionsreichen Therme, in der man nicht nur Baden und Wellness genießen kann. Hier wird eine Vielzahl ambulanter Anwendungen angeboten – von der Kältetherapie in der Cryo-Sauna über Fasten und Apitherapie mit Bienenstockluft bis zu Radonkuren.

LOIPENVERGNÜGEN

Im Sommer bieten die Kammhöhen im Naturpark Erzgebirge/Vogtland ein weitläufiges Wandergebiet. Und auch Radfahrer finden im sächsisch-tschechischen Grenzgebiet variantenreiche Touren vor. Berühmt aber sind die vom Campingplatz ca. 25 Autominuten entfernten Hochlagen wegen der hier verlaufenden Kammloipe. Auf einer Strecke von 36 km verbindet die Loipe Schöneck im Vogtland mit Johanngeorgenstadt im Westerzgebirge. Sie ist schneesicher, windgeschützt und landschaftlich ein Traum.

Man kann aber noch viel weiter als die 15 Minuten bis zur Therme wandern. Ein Bergbaulehrpfad und ein Planetenwanderweg führen direkt am Campingplatz vorbei. Wer mehr Gefallen an kleinen Bällen findet als an Erklärungen zu Gestirnen und zur 800 Jahre alten Bergbautradition des Kurorts, kann gleich hinter dem Kurpark Golf spielen. Stets genießt man von dort einen fantastischen Ausblick über die Landschaft der als UNESCO-Welterbe gelisteten Montanregion Erzgebirge/Krušnohoří, die für ihre Bergbautradition berühmt ist.

Tour zur sagenumwobenen **Burgruine Isenburg**
▸ 6 km/30 Min.

Auf dem **ZeitFenster-Weg** (www.kurort-schlema.de) eine gemütliche Runde drehen und anhand historischer Bilder und Erklärungen mehr über Bergbau und Radiumforschung erfahren
▸ 3,5 km/1 Std. 30 Min.

Nach Cranzahl und von dort mit der Schmalspurbahn unter Dampf (www.fichtelbergbahn.de) nach **Oberwiesenthal**
▸ 35 km/40 Min. (Auto),
17 km/1 Std. (Bahn)

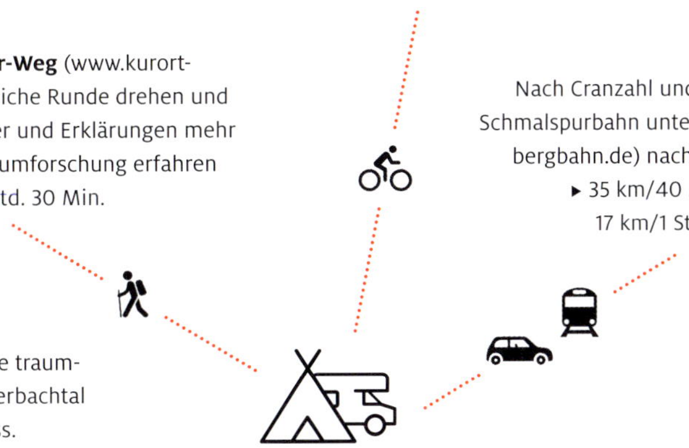

◂ Zu jeder Jahreszeit sorgt die traumhafte Landschaft um das Silberbachtal für Erholung vom Alltagsstress.

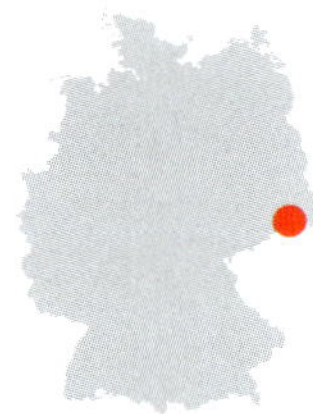

19 GRÜNE BERGOASE UNTER STERNEN

PANORAMA-CAMPING BERGOASE ★★★☆☆

▸ Obere Str. 19, 01855 Mittelndorf, Tel. +49 176/22 90 65 38, GPS: 50.935008, 14.211433

■ pincamp.de/sn3640

In einer sternklaren Nacht sollte man hier unbedingt einmal unter freiem Himmel sein Lager aufschlagen. Fern von hellen Siedlungen und mit erfreulich sparsamer Beleuchtung am Platz ist der Blick aufs Firmament einfach atemberaubend. Tagsüber ist es die Aussicht auf die Landschaft, die einen immer wieder staunen lässt. Nicht von ungefähr führt ein »Panoramaweg« unmittelbar an dem terrassierten Wiesen-Campingplatz vorbei.

Hier gibt es keine Animation, keinen Spielplatz und ins nächste Gasthaus sind es zehn Minuten zu Fuß. Dafür ist die Atmosphäre herrlich entspannt, die Ausstattung durchdacht und gehoben, und auch für Kinder gibt es genug zu entdecken, bevor die Ur-

Wanderung über die aussichtsreiche **Hohe Liebe Runde**, die als Terrainkur ausgewiesen ist: ein naturnahes Bewegungsprogramm zur Kräftigung von Herz-Kreislauf-System und Bewegungsapparat
▸ 7,6 km/2 Std.

Mit der historischen Kirnitzschtalbahn zum **Lichtenhainer Wasserfall**; eine abwechslungsreiche Alternativstrecke führt zurück über den »Panoramaweg« (3,3 km)
▸ 18 km/30 Min.

Nach **Pirna** mit seinen verwinkelten Gassen, einer mittelalterlichen Altstadt und der Festung Sonnenstein, wo in einem 80 m tiefen Brunnen ein besonderes Tiefenquellwasser sprudelt
▸ 25 km/30 Min.

Entspannung kann so einfach sein: Eine Sauna mit Dampfbad und knisterndem Feuer, was braucht man mehr?

laubstage am Lagerfeuer ausklingen. Wer nicht einfach nur dableiben und genießen möchte, findet unzählige Wandermöglichkeiten – teilweise sogar rollstuhlgerecht –, kann auf der Elbe paddeln oder auf einen der 1100 frei stehenden Sandsteintürme klettern. Anschließend sorgen die geübten Hände der Bergoase-Physiotherapeuten für Regeneration.

Einladend ist der Wellnessbereich mit Sauna, Dampfbad und knisterndem Holzofen im Ruheraum, und doch schickt André Balogh seine Gäste gelegentlich an einen anderen Ort. Der Tipp des Hausherrn: »Gönnen Sie sich einmal ein Coselbad zu zweit«. Im 10 km entfernten Kräutervitalbad Sebnitz hat man die Möglichkeit dazu. In einer aus Glockenbronze gegossenen Badewanne mit Kräutersud darf man sich hier mit einem Glas Sekt zurücklehnen. Ob die einst auf Burg Stolpen gefangen gehaltene Gräfin jemals selbst ein solches Bad genoss, ist nicht überliefert. Gefallen hätte es ihr bestimmt!

IM KLANGBAD

Ausgehen in Badehose statt im Abendkleid? In der Toskana-Therme Bad Schandau kann man im wahrsten Sinn des Wortes eintauchen in ein Gesamtkunstwerk aus Musik und Lichtinstallationen. Unter dem Motto »Baden ist das neue Ausgehen« wird der weitläufige Bade- und Wellnesspark jeden ersten Samstag im Monat zur Konzert-Location. Namhafte DJs und Künstler treten hier im Liquid Sound Club auf und inszenieren über und unter Wasser überwiegend zeitgenössische elektronische Klänge. Dabei muss man nicht unbedingt Fan dieser Musik sein, um von der besonderen Atmosphäre begeistert zu sein.

▸ www.liquidsoundclub.com

20 DURCHATMEN IM TRIXI-BAD

CAMPINGPLATZ TRIXI FERIENPARK ★★★★½

▸ Jonsdorfer Str. 40, 02779 Großschönau, Tel. +49 358 41/63 14 20, GPS: 50.87863333, 14.67331667

■ pincamp.de/sn5050

Kaffee, Birke oder Eisminze mit Menthol sorgen für prickelnde Kühle auf der Haut, während die Atemwege ganz frei werden – im Trixi-Bad haben Gäste die freie Auswahl, nicht nur wenn es darum geht, den passenden Sauna-Aufguss auszusuchen. Entspannung ist garantiert, egal ob man sich lieber unter einer opulenten tiefblauen Kuppel wie im Orient fühlen möchte, ein rustikales Blockhaus vorzieht oder die gemütliche Fass-Sauna direkt am Platz. Auf dem ländlich gelegenen Ferienpark in der Oberlausitz ist wohlfühlen Programm, vor allem im modernen Bad mit Spa- und Wellnessbereich und vielfältigem Anwendungsangebot. Direkt von der Anlage aus geht es in den Naturpark Zittauer Gebirge, zum Yoga-Wandern oder einfach nur für einen Spaziergang. Reizvoll ist die Lage vor allem auch im Winter, wenn die Felstürme, die sonst Kletterer anlocken, unter dicken Schneemützen versteckt sind. Ganz Hartgesottene runden dann das Wintererlebnis mit Eisschwimmen im Waldstrandbad ab.

ABTAUCHEN IM WALD

Fernab von jeder Großstadt ist das mit 50 km² kleinste Gebirge Deutschlands ein besonders ruhiges Fleckchen mit überschaubarem Tourismus und sauberer Luft. Warum sich gerade hier beste Voraussetzungen zum Waldbaden bieten, hat ein Forschungsprojekt in Zusammenarbeit mit der Hochschule Zittau/Görlitz ergeben. Dabei entwickelte man auch das »Waldbadeareal Zittauer Gebirge« mit drei Routen. Eine davon, die Loslassen-Runde, beginnt direkt am Campingplatz. Sie ist 2,4 km lang und lädt auf zahlreichen kleinen Nebenwegen dazu ein, mit allen Sinnen in den Wald einzutauchen.

Der Naturpark Zittauer Gebirge umrahmt den Trixi Ferienpark und bietet beste Bedingungen für Waldspaziergänge.

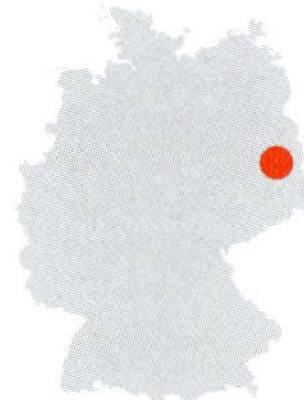

21 KNEIPPEN FÜR GENIESSER IM BLUMENMEER

KNEIPP-CAMPING AN DEN SPREEWALDFLIESSEN ★★★★

▸ Vetschauer Str. 1a, 03096 Burg (Spreewald), Tel. +49 356 03/75 09 66, GPS: 51.82621667, 14.13776667

■ Pincamp.de/bd4850

Es ist ein bisschen wie im Märchen, vor allem morgens, wenn die ersten Sonnenstrahlen über dem noch spiegelglatten Wasser vorsichtig durch die wabernden Nebel brechen und die Campinggäste mit vielstimmigem Vogelgezwitscher begrüßt werden. Gesäumt von hohen, alten Bäumen liegen Zeltwiese und Stellplätze des Campingplatzes an den Spreewaldfließen im Grünen. Vor den beiden Wirtschaftsgebäuden aus dunklem Holz strahlen die Blüten von Oleander, wasserblauem Agapanthus und Stiefmütterchen besonders schön. Es duftet nach frisch gebrühtem Kaffee, während die ersten Gäste ihre Kajaks am Kahnhafen ins Wasser setzen, um direkt vom Platz aus durch das weitverzweigte System von Wasserläufen zu paddeln, das den Spreewald so besonders macht.

Allein hier in Burg sind es 300 traditionelle Verkehrswege, die ein einzigartiges Revier für Wassersportler bilden. Und wenn die Paddler mit schweren Armen wieder zurück zum Campingareal kommen, geht es zur Regeneration in den Kneipp-Garten mit Saunahäuschen und schwebenden Liegen. Ob man sich beim nächsten Mal nicht doch lieber ganz bequem im Wellnesskahn umherfahren lassen soll? Eine Radtour auf den schönen Uferwegen der Region sollte auf jeden Fall noch eingeplant werden.

WELLNESS IM GURKENLAND

Spreewaldgurken sind weithin bekannt. Dass es im Spreewald auch heilkräftiges Thermalwasser gibt, wissen nur wenige. Dabei sprudelt in Burg eine besonders reichhaltige Sole-Quelle. Ihre Wohltaten kann man in der Spreewald-Therme genießen, unter anderem in sechs Sole-Bädern mit unterschiedlich konzentriertem und temperiertem Wasser.

▸ www.spreewaldtherme.de

Der Spreewald mit seinen zahlreichen Wasserstraßen zählt zu den beliebtesten Kanurevieren Deutschlands. ▸

22 HEIMATHAFEN IM GRÜNEN

ERHOLUNGSPARK WEHLINGSHEIDE ★★★★★

▸ Im Wehling 26, 45711 Datteln, Tel. +49 2363/334 04, GPS: 51.68238333, 7.30558333

■ pincamp.de/rw3480

Auch wenn er nicht zum Schwimmen geeignet ist, so ist der Teich mit seinem leise plätschernden Wasserfall doch einer der beliebtesten Orte für einen entspannten Tag im Erholungspark. Rundherum warten schöne Plätze zum Faulenzen, Lesen oder Sonnenbaden. Hier kann man vom Steg aus aufs Wasser schauen, sich in einen Strandkorb zurückziehen oder auf dem kleinen Sandstrand unter Palmen vom Süden träumen.

Der Platz liegt nordwestlich von Datteln mitten im Grünen und ist damit genau richtig für all jene, die es im Urlaub einfach nur ruhig haben wollen. Und wer Lust hat, kann seinen Aufenthalt nach Belieben verlängern: Unter dem Motto »Heimathafen« bietet Besitzer Friedrich Schnieder allen Campern schön gelegene Parzellen inklusive Rasenpflege fürs ganze Jahr an. So kann man auch ganz unkompliziert nur ein Wochenende im Grünen verbringen. Ein einladendes Restaurant und der liebevoll angelegte Saunagarten nur ein paar Schritte davon entfernt sorgen für den nötigen Wohlfühlfaktor.

Egal für welche Platzkategorie man sich entscheidet, die Betreiber haben sich überall viel Zeit für Details genommen. So bieten etwa die Parzellen für Camper mit Hund private Sanitärhäuschen, in denen es nicht nur praktische Duschmöglichkeiten, sondern auch eine Hundetür gibt. Während es klassische Camper zum Entspannen in die Höhlensauna zieht, wo eine Grotte aus Naturstein für Atmosphäre sorgt, können sich Campinggäste ohne eigenes Feriendomizil einen Wellness- oder Romantikbungalow gönnen – mit eigener Sauna und vor Blicken geschütztem Whirlpool auf der Terrasse.

Direkt vom Platz aus geht es ins abwechslungsreiche Ruhrgebiets-Radwegenetz. Und es ist nicht weit zu den vier Kanälen Dortmund-Ems, Rhein-Herne, Datteln-Hamm und Wesel-Datteln. Immerhin ist Datteln weltweit die einzige Stadt, auf deren Gebiet so viele Kanäle zusammentreffen.

YOGA MIT KALLE UND JACKOMO

Für die Alpakas auf »Daniels kleiner Farm« am Rande des Landschaftsschutzgebiets Wagenbruch ist es eine willkommene Abwechslung, wenn sich die Teilnehmer zum Yoga oder für Achtsamkeitsübungen auf ihrer Weide niederlassen. Besonders schön ist die Atmosphäre im Frühling, wenn die Obstbäume blühen. Während die Tiere mit ihrer Gelassenheit und Ruhe die Zweibeiner im Hier und Jetzt ankommen lassen, zeigen sie selbst größtes Interesse am Geschehen. Gut möglich, dass sich einer der flauschigen Vierbeiner mit auf die Yogamatte kuschelt. Ebenfalls im Angebot: geführte Wanderungen oder Alpaka-Dates mit Picknickkorb.

▸ www.danielskleinefarm.de

Auf einer der zahlreichen Nordic-Walking-Routen durch den Wald im gut ausgeschilderten **Haard Walking Park**
▸ 3–9 km/35 Min.–2 Std.

Entspannte Tour zu einem »Verwöhn-Dich-Tag« im **Tages-Spa des Jammertal-Resorts** (www.jammertal.de)
▸ 4 km/15 Min.

Gemütliche **Runde auf der Lippe** von der Ahsener Brücke nach Flaesheim (www.lippe-kanu-touren.de)
▸ 12 km/3 Std.

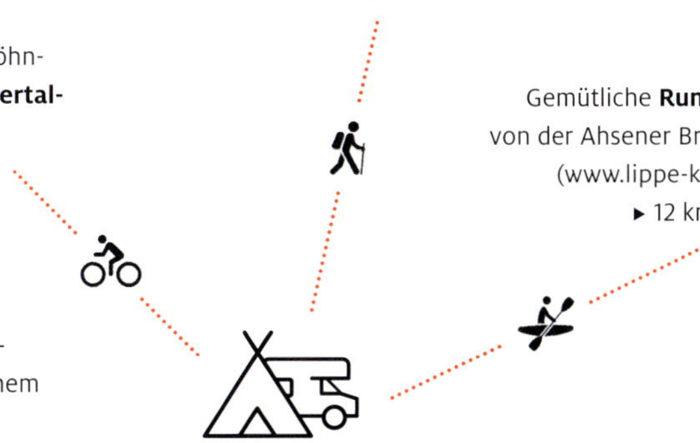

◂ Die Wasserlandschaft im Erholungspark Wehlingsheide sorgt mit exotischem Flair für Abkühlung.

23 IN DER RUHE LIEGT DIE KRAFT

CAMPINGPLATZ DAS KREUZECK ★★★½

▸ Kreuzeck 5, 38644 Hahnenklee, Tel. +49 53 25/25 70, GPS: 51.84638333, 10.34948333

▪ pincamp.de/ns9300

»Wer akkurate Rasenflächen, gerade Betonbegrenzungen, schön frisierte Buchsbäume und zugepflasterte Standplätze mag, der sollte«, so Lydia Böttcher »nach etwas anderem suchen«. Auf dem Platz, den sie und Lars Ruhm vor knapp zehn Jahren aus dem Dornröschenschlaf erweckten, wird man so etwas nicht finden. Damals kauften sie die Anlage an dem von Wald und Wiesen gesäumten See, weil sie fanden, dass das Areal viel zu schön war, um es brach liegen zu lassen. Vieles haben sie seitdem umgekrempelt und fast alles erneuert. Bis heute blieben sie dabei ihrem Motto »Natur bleibt Natur« treu, weil die Nähe zur Natur der Ursprung des Campings ist und weil der Platz direkt im Natur- und Geopark Hahnenklee-Bockswiese liegt. Daraus ergebe sich, so die Campingplatzbetreiber aus Leidenschaft, eine Verpflichtung zum behutsamen Wirtschaften.

Deshalb können die Gäste hier Blumenwiesen voller Bienen und Schmetterlinge und eine Ruhe genießen, wie man sie nur noch selten findet. An schönen Tagen spiegeln sich die Bäume im klaren Wasser des Waldsees, der traumhaft liegt und Schwimmern und Anglern Vergnügen bereitet. Der Obere Grumbacher Teich ist Teil des sogenannten Oberharzer Wasserregals, eines in vorindustrieller Zeit angelegten Systems von Stauteichen und Gräben zur Erzeugung von Wasserkraft. Als solcher gehört der Teich zum UNESCO-Weltkulturerbe am Fuße des Bocksbergs, wo man bei Wanderungen immer wieder auf Teile der historischen Anlagen trifft.

Wer abschalten möchte, ist hier genau richtig. Man lauscht in erster Linie den Vögeln, dem Schnattern der Enten und dem leisen Rauschen des Windes, der an heißen Sommertagen für angenehme Temperaturen sorgt. Dass es Handy- und Satellitenempfang nur im Bereich der Rezeption gibt, genießt man bald als Vorzug. Gäste, die schon eine Weile hier sind, schauen nicht aufs Display, sondern auf den See, der im terrassierten Gelände fast überall direkt im Blick ist. Und wer doch einmal genug von Natur und Stille hat, ist in zehn Autominuten in Clausthal-Zellerfeld und in 15 in der einstigen Kaiserpfalz Goslar, wo man sich täglich um 10.30 Uhr am Marktplatz der Tour »1000 Schritte durch die Altstadt« anschließen kann. Dabei erfährt man Spannendes zur Geschichte der Gilde- und Bürgerhäuser. Goslar ist aber auch Ausgangspunkt für Wildkräuterführungen, Waldbaden-Touren oder Nachtwanderungen, bei denen man staunend erlebt, wie sich die Augen an die Dunkelheit und die Ohren an die Geräusche der Nachtfauna gewöhnen (www.waldfee-harz.de).

Für die Wintercamper haben Böttcher und Ruhm eine finnische Sauna eingerichtet, einen stilvollen Bereich mit viel Holz und wenig Deko, in dem man nicht nur nach Skitouren und Winterwanderungen wunderbar abschalten kann. Und wer sich nach Schwitzgang und eiskalter Regendusche in den Bademantel hüllt, dem läuft vielleicht schon das Wasser im Munde zusammen, wenn er an die Spezialitäten des Schoko-Restaurants am Platz denkt.

In den Klostergarten von **Kloster Wöltingerode** (www.woeltingerode.de), wo Hildegard von Bingen bis zur Gründung ihres eigenen Klosters lebte
▸ 24 km/25 Min.

Inspirierende Rundtour auf dem **Liebesbank-Weg** mit 25 besonders gestalteten Bänken, Kunstwerken, Wassertretbecken und Steinen mit Liebesgedichten
▸ 7 km/1 Std. 30 Min.

Mit dem Mountainbike unterwegs auf der **Sieben-Teiche-Tour** mit Single-Trails im Grumbachtal und schönen Aussichtspunkten
▸ 27 km/2 Std. 30 Min.

◂ Lustwandeln vor naturbelassener Harz-Kulisse: Rund um den See am Platz kann man wunderbar abschalten.

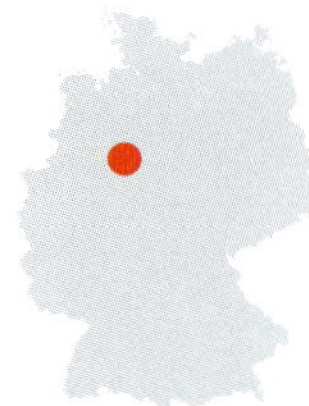

24 DIE KRAFT DES WALDES AM STEMMER SEE

CAMPINGPARK KALLETAL ★★★★½

▸ Seeweg 1, 32689 Stemmen, Tel. +49 57 55/444, GPS: 52.17571667, 8.99886667

▸ pincamp.de/rw1330

Morgens zum Wachwerden abtauchen im Stemmer See, tagsüber mit einem guten Buch faulenzen in einer der gemütlichen, extra breiten Liegen und später eine wohltuende Massage unter den Händen von Yaima Diaz genießen: So oder so ähnlich sieht ein entspannter Urlaubstag im Campingpark Kalletal aus. Eine andere Variante könnte mit einer Wanderung im Nordlipper Bergland beginnen, das mit seinen Hügeln und idyllischen Flussläufen zu Entdeckungstouren einlädt, mit anschließender Rast im »Curry Werk«, wo Currywurst, selbst gemachte Soßen und Salate mit Curry-Dressing für Stärkung sorgen. Erholung von den körperlichen und kulinarischen Strapazen wartet dann bei einem Sonnenuntergang direkt am Ufer.

Durch den Wald um den 144 m hohen **Kirchberg** mit Blick auf Wesertal, Wesergebirge und Varenholz
▸ 6 km/1 Std. 30 Min.

Tour zur Kleinkunsthütte **Radler-Rast Veltheim** mit Übersetzen an der Hochseilfähre Varenholz–Veltheim
▸ 3 km/30 Min.

Zum denkmalgeschützten **Klemmeshof** (www.hofladen-klemme.de), um heimische Leckereien zu kaufen
▸ 16 km/2 Std. 45 Min.

Natürlich kann man auch einfach nur einen Strandtag am Stemmer See genießen, dem platzeigenen Badegewässer, wo Stand-up-Paddler über das Wasser gleiten, während sich die bewegungshungrigeren Familienmitglieder auf dem Schlosssee nebenan im Wakeboarden oder Wasserskifahren oder an ihrer Treffsicherheit beim Fußballgolf versuchen.

Das Kalletal ist mit seinen 16 ländlich geprägten Ortsteilen eine ruhige Landschaft im Naturpark Teutoburger Wald/Eggegebirge. Wiesen, Wälder und kleine Seen bieten eine abwechslungsreiche Kulisse für viele Wanderwege. Einer davon ist der Waldba-

Die Gäste des Campingparks Kalletal können einen 500 m langen Sandstrand am platzeigenen See nutzen.

den-Pfad (www.kalletal.de/waldbaden) in Kalletal-Heidelbeck, auf dem es darum geht, die entspannende Kraft des Waldes mit allen Sinnen zu erleben – mal barfuß, mal an den starken Stamm einer uralten Buche gelehnt. Nach all dem Riechen, Fühlen, Atmen und Hören dürfen sich die Wanderer mit einem Wunsch auf einem Holzplättchen verewigen, das in einen Wunschbaum gehängt wird – ganz nach alter japanischer Tradition.

Im Campingpark sind Familie Wilde und ihr Team dafür zuständig, Wünsche zu erfüllen. Mit vollem Einsatz versuchen sie, Stellplatzvorlieben zu berücksichtigen – Kenner schwören auf Wassernähe. Sie geben Ausflugstipps und sorgen dafür, dass man sich schnell heimisch fühlt auf der großzügigen Anlage im Grünen, auf der es durchaus auch stille Rückzugsorte gibt, etwa in der Kelo-Sauna, wo aktive Tage einen behaglichen, nach Kiefern duftenden Abschluss finden.

WESER MARSCH!

Gespeist von Werra und Fulda fließt die 451,4 km lange Weser durch das Norddeutsche Tiefland. Als einziger Strom verläuft sie – vom Einzugsgebiet bis zur Mündung in die Nordsee – ausschließlich in Deutschland. Immer schon war sie Lebensader und Transportweg, aber auch äußerst attraktiv für Aktivitäten auf und neben dem Wasser, etwa auf einem der schönsten deutschen Radwanderwege. Reizvoll sind auch Kajaktouren, bei denen man den Flusswindungen durch grüne Wiesen und Felder folgt, Wasservögel bestaunt und die besondere Perspektive auf geschichtsträchtige Orte am Ufer genießt.

▸ www.weserradweg-info.de

25 IDYLLE IN HÜLLE UND FÜLLE

CAMPING AM WIESENGRUND ★★★☆☆

▸ Am Kanal 4, 19294 Malliß, Tel. +49 38/75 02 10 60, GPS: 53.19559999, 11.34075

■ pincamp.de/mk9200

Zwischen Wiesen, Wald und Ziegeleikanal liegt dieser Platz genauso schön, wie es sein Name verspricht. Heute schätzen den von Buschwerk und Bäumen gesäumten Kanal an der Müritz-Elde-Wasserstraße vor allem Angler und Wassersportler. Früher war er Teil des wichtigen Wasserwegs nach Hamburg, auf dem seit 1851 die Ziegel von der örtlichen Brennerei in die Hafenstadt transportiert wurden. »80 Prozent der Steine für den Bau der Speicherstadt stammen von hier«, erzählen die Einheimischen. Heute bietet das weitverzweigte Kanalsystem gute Bedingungen für Uferspaziergänge, Kanuwanderungen und SUP-Touren.

Starten kann man direkt vom Platz der Familie Sielaff, wo man aber auch einfach nur am Wasser sitzen und die Ruhe genießen kann. Mit etwas Glück entdeckt man dabei sogar einen Eisvogel – oder den Biber, der hin und wieder am Ufer entlang stapft. Die beste Sicht hat man im Strandkorb oder auf dem Steg vor dem kleinen Café, ideale Plätze für ein paar ruhige Stunden mit selbst gemachtem Holunderblütensaft. Mit einem Touristenfischerschein dürfen auch Urlauber ohne Angelprüfung hier ausprobieren, ob ihnen ein Fisch an die Angel geht.

Der Wiesengrund ist ein Platz für Ruhesuchende, die sich ganz einfach am Anblick der Seerosen erfreuen, gerne dem Zwitschern der Schwalbenjungen lauschen, im Streichelzoo die Finger im wolligen Fell von Schafen und Alpakas vergraben und es genießen, wenn abends am Lagerfeuer Maiskörner zu Popcorn aufploppen. Unter der bunten Glühbirnen-Lichterkette den Tag ausklingen zu lassen, sorgt für Urlaubs-Feeling pur – egal ob man danach ins Zelt kriecht, sich in den Wohnwagen oder Camper zurückzieht oder die Leiter zum Stelzenhaus hinaufklettert. Denn wer schon seit der Kindheit vom eigenen Baumhaus geträumt hat, wird hier besonders gut schlafen.

Eigentlich mag man nur ungern von hier wieder weg. Andererseits gibt es in der Umgebung viel Schönes zu entdecken – etwa Europas größte Binnenwanderdüne Klein Schmölen oder das für seine Schmetterlingsvielfalt berühmte Rambower Torfmoor, die Burg in Neustadt-Glewe oder die trutzige Backstein-Festung Dömitz. Wer Lust hat, kann sich mit einem ganz besonderen Fortbewegungsmittel auf den Weg machen. Der liebevoll restaurierte Trabant »Trabi2Go« wird vom Wiesengrund-Team auf Wunsch mit einem gut gefüllten Picknickkorb und einer Klappgarnitur ausgestattet, damit man unterwegs für eine romantische Rast gerüstet ist. Auf der Rückfahrt haben dann im leeren Korb regionale Spezialitäten Platz, etwa Holunderbeersaft oder Marmelade aus Sanddorn, der wegen seiner vielen Vitamine auch »Zitrone des Nordens« genannt wird.

Die Saison am Wiesengrund beginnt traditionell an Ostern mit knisterndem Osterfeuer und versteckten Eiern für die Kinder und endet im Herbst mit einem Haxn-Essen. In der Zeit dazwischen wird Urlaub ohne viel Schnickschnack zelebriert und die Soljanka schmurgelt im großen Kessel über dem offenen Feuer.

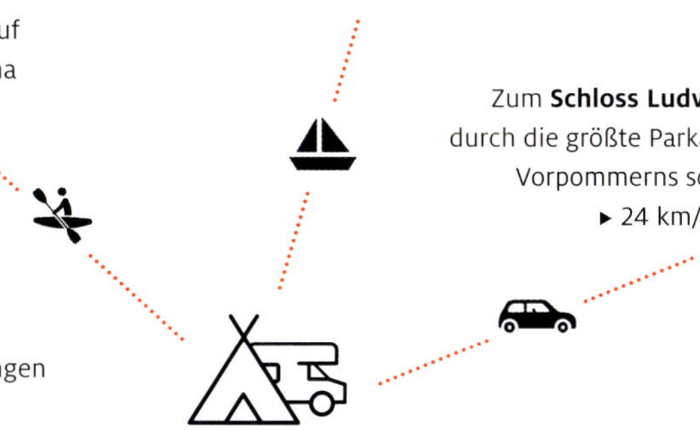

◂ Auf dem SUP über alte Wasserwege:
Der Wiesengrund bietet beste Bedingungen
für aktive Ferien.

26 VON DER SCHWITZSTUBE IN DEN SEE

CAMPING- UND FERIENPARK HAVELBERGE ★★★★★

▸ An den Havelbergen 1, 17237 Groß Quassow, Tel. +49 39/812 47 90, GPS: 53.30895, 13.00305

■ pincamp.de/mk7800

Es gibt viele schöne Ecken im Campingpark direkt am Woblitzsee. Die vielleicht romantischste von allen aber befindet sich dort, wo die Havel den See verlässt und eine winzige Landzunge gerade genug Platz für Zelt und ein Kajak bietet. »Wasserwanderer müsste man sein«, träumt da so mancher normale Campinggast, der den Komfort seines Stellplatzes zumindest für kurze Zeit hierfür eintauschen würde.

Die Mecklenburgische Seenplatte ist ein Paradies für Wassersportler und all jene, die die Nähe zum nassen Element suchen. Die Region ist bestens geeignet für Entdeckungstouren auf dem Wasserweg – es müssen ja nicht gleich alle tausend Gewässer des größten geschlossenen Seengebietes Europas sein. Doch gerade um Havelberge gibt es mit der Strelitzer Kleinseenplatte und ihren zahlreichen miteinander verbundenen Wasserflächen in nächster Nähe genügend Gewässer, die bequem erreichbar sind – mit Kajak, SUP, Boot oder einem der Flöße, die in der Marina Havelberge vor Anker liegen.

Kajakwanderer machen hier gerne Station und genießen eine Weile die Annehmlichkeiten eines gut ausgebauten Campingplatzes. Insgesamt verteilen sich an der Seenplatte acht Haveltourist-Plätze, die durch Wasserwege miteinander verbunden und perfekt geeignet sind für eine Bootssafari von Ort zu Ort. Gäste können mit dem eigenen Boot für eine Nacht oder ein paar Tage in einer von 30 Bootsboxen der Marina anlegen oder sich auf ein Abenteuer der besonderen Art einlassen: eine Spritztour mit einem Floß über die Seenplatte. Denkbar sind z. B. ein Tagesausflug hinüber zum benachbarten Großen Labussee bzw. Zierker See, aber auch Mehrtagestouren. Mit gut gefüllter Küchenkiste und Platz zum Schlafen sind Abenteurer bestens gerüstet. Einen Bootsführerschein braucht man nicht dafür.

Auf dem Campingplatz selbst ist alles bestens eingerichtet für entspannte Urlaubstage am Wasser, die man auch einfach nur mit Schwimmen im See, Faulenzen am kleinen Sandstrand oder am Badeteich mit Piratenschiff bzw. beim Angeln verbringen kann. Auch ein Saunagang ist möglich in der Schwitzstube mit Blick über den See oder ins Grüne, was an stürmischen Herbst- oder klirrend kalten

Auszeit für die ganze Familie: Die Seenlandschaft am Ferienpark Havelberge ist ideal für Wasserwanderer.

Wintertagen besonders schön ist, anschließende Abkühlung im See inklusive.

Egal welche Jahreszeit, egal welches Wetter: Am Camping- und Ferienpark Havelberge, der sich direkt am Nordufer des Woblitzsees mit Stellplätzen im Kiefernwald oder auf Terrassen mit Blick aufs Wasser in die Landschaft schmiegt, ist jede Hektik schnell vergessen. Das Angebot ist vielfältig, die Atmosphäre entspannt und im hügeligen Gelände sind Stellplätze und Mietunterkünfte so großzügig verteilt, dass man sich nirgendwo beengt fühlt.

Klar, der Star ist hier das Wasser. Aber auch ohne Passion für Beschäftigungen am oder im Nass fühlt man sich hier wohl, beim Klettern im Hochseilgarten direkt auf der Anlage oder bei Unternehmungen direkt vor der Tür. Dazu muss man noch nicht einmal ins Auto steigen, denn Wanderwege und Radtouren führen direkt am Platz vorbei zu eindrucksvollen Naturschönheiten oder zu einem der zahlreichen Gutshöfe, Schlösser und Herrenhäuser, für die die Region so berühmt ist. Neustrelitz etwa, wo die lebenslustige Herzogin Dorothea Sophie einen Schlosspark mit Tempeln, Alleen und einer Orangerie anlegen ließ, oder der Findlingsgarten Prälank sind Ausflugsziele, die im Gedächtnis bleiben.

Im Restaurant mit großer Terrasse und Seeblick klingen Urlaubstage entspannt aus – und wer keine Lust auf Campingküche hat, kann sie dort am Frühstücksbuffet auch beginnen. In den Abendstunden geht das Programm auf dem Wasser weiter: Bei der »Special Night Tour« treffen sich die Teilnehmer, wenn es ruhig auf dem Platz wird, im Kanuzentrum und paddeln im Kanadier etwa eineinhalb Stunden über die Havel. Die meisten anderen Boote und Flöße haben dann schon angelegt, das Wasser präsentiert sich glatt wie ein Spiegel. Nach einem Grillabend am knisternden Lagerfeuer geht es später im Fackelschein zurück – vorbei auch an der kleinen Landzunge, wo im Kerzenschein noch die glücklichen Camper am Ufer sitzen, die an diesem besonderen Platz ihr Zelt aufgeschlagen haben.

27 NATÜRLICH WENDLAND

CAMPINGPARK FUHRENKAMP ★★★

▸ Am Fuhrenkamp 1, 29468 Bergen, Tel. +49 58 45/348, GPS: 52.88678333, 10.97603333

■ pincamp.de/ns3900

Leuchtend erhebt sich die Sonne über den Dummewiesen. Frühnebel wabert zwischen Bäumen und Sträuchern. Ein Sonnenaufgang im Wendland lohnt das frühe Aufstehen. Ein Vogelkonzert am Morgen gibt es gratis dazu. Vogelfreunde, die diese Gegend zahlreich besuchen, werden mit geübtem Blick leuchtend gelbe Pirole zwischen Wiesen und Wäldern entdecken. Weitere hier lebende Arten sind Weiß- und Schwarzstörche, Milane, Kornweihen und Mäusebussarde.

Das Wendland, das von den Einheimischen augenzwinkernd »Niedersachsens Wilder Osten« genannt wird, bietet den perfekten Rahmen, um zur Ruhe zu kommen. Urwaldartige Wälder und mäandernde Bachläufe bilden die Kulisse für entspannte Urlaubstage mitten in der Natur. Unternehmungslustige entdecken einzigartige Landschaften beim Wanderreiten in den Elbtalauen oder in der Nemitzer Heide. Der Naturpark Elbhöhen-Wendland ist dünn besiedelt und steckt voller interessanter Ziele, die es zu entdecken gilt. Dazu zählen auch die knapp 100 gut erhaltenen Rundlingsdörfer, die auf das 11. Jh. zurückgehen. Mit ihren imposanten Hallenhäusern, Fachwerk und Inschriften auf dem Gebälk sind es lohnende Ausflugsziele. Karsten Dahms, der leidenschaftliche Gastgeber in Fuhrenkamp, ist selbst Camper und gibt gerne Tipps, wenn es darum geht, einen Ausflug zu planen.

Seine Gäste können aber auch einfach das großzügig angelegte Gelände zwischen Wald und Feldern genießen und die Urlaubstage am Naturbadesee verbringen, der gänzlich ohne chemisch aufbereitetes Wasser auskommt.

Nicht selten enden die Tage in Fuhrenkamp mit kitschig-schönen Sonnenuntergängen. Am schönsten ist es dann, gemütlich draußen zu sitzen und angesichts der immer neuen Wolkenformationen ins Träumen zu geraten.

DAS GRÜNE BAND

Was einst Todesstreifen war, ist heute ein einzigartiges Biotop. Entlang der ehemaligen innerdeutschen Grenze erstreckt sich auf einer Breite von 50 bis 200 m ein besonderes Naturschutzprojekt, berühmt geworden durch den Sielmann-Film »Tiere im Schatten der Grenze« (1988). Für Menschen lange Zeit tabu, bot das Sperrgebiet ungestörten Lebensraum für Pflanzen und Tiere. Entsprechend wertvoll ist das Grüne Band heute. Insgesamt erstreckt es sich über eine Länge von 1400 km. Gut ausgebaute Wander- und Radwege führen zu wichtigen Erinnerungspunkten, an denen die jüngste deutsche Geschichte zum Greifen nah ist.

Zur **Duft- und Wandelgärtnerei Schoebel** (www.gaertnerei-schoebel.de), wo es auf dem weitläufigen Areal viel zu Sehen, Riechen und Bestaunen gibt ▸ 1,5 km/20 Min.

Ins idyllische **Tannenbad** ▸ 1 km/5 Min.

Ins Rundlingsdorf Jameln zur **Bogen-Meditation** (www.bogen-meditation.de) 18 km/20 Min.

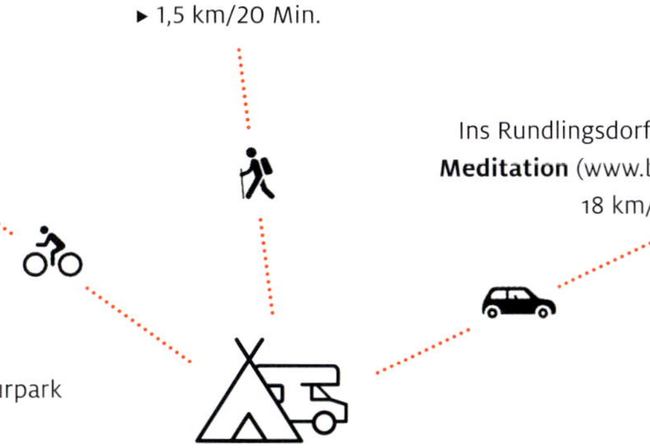

◂ Erholung für den ganzen Körper: Natur spüren mit allen Sinnen im Naturpark Elbhöhen-Wendland.

28 GEMÜTLICHKEIT IN DER HEIDE

CAMPING ROTE SCHLEUSE ★★★★☆

▸ Rote Schleuse 4, 21335 Lüneburg, Tel. +49 41/31 79 15 00, GPS: 53.20904999, 10.40986

▪ pincamp.de/ns3950

Nur 5 km sind es auf dem schnurgeraden Weg über Kurpark und Universitätsallee aus dem Zentrum der Hansestadt Lüneburg mitten hinein in eine besondere Umgebung. Seit 1955 wartet hier auf dem Areal rund um ein reetgedecktes Haus im Ilmenautal ein Campingplatz mit einer großen Wiese für Wohnwagen und Wohnmobile sowie Zeltplätzen im lichten Wald. Familie Muckenhirn verwirklichte sich vor 25 Jahren hier ihren Traum, übernahm die Rote Schleuse und modernisierte sie behutsam. Sie stellten holzduftende Schlaffässer und Schäferwagen auf, legten einen biologischen Badeteich an und bewirten heute im »Platzhirsch« ihre Gäste mit Badischen Spezialitäten, selbstverständlich auch mit Schwarzwälder Kirschtorte zum Sonntagskaffee.

Zum Schwimmen springt man in den Teich, Kajakfahrer paddeln auf der Ilmenau, während Radler dem Flusslauf bis zum Quellgebiet in der Lüneburger Heide folgen. Räder gibt es am Platz, Kanus und geführte Touren bei Partnern in der Nähe. Wanderer gehen direkt vom Platz aus auf Tour durch die wildromantische Moor- und Flusslandschaft. Wer mag, kann aber auch einfach nur hier bleiben, sich ein Buch aus dem Tauschregal greifen oder sich Zeit nehmen für eine Massage im Kosmetikstudio von Carina Muckenhirn.

Von der Roten Schleuse aus lohnt sich aber unbedingt auch ein Abstecher in die lebendige Stadt Lüneburg mit ihrem historischen Wasserviertel rund um den Stintmarkt, dem pompösen barocken Rathaus und den schönen Backsteingebäuden, die Geschichte und Geschichten erzählen – manche davon sind in goldenen Lettern auf Fassaden niedergeschrieben, wie an den Häusern am alten Handelsplatz Am Sande. Wie der Salzhandel den Wohlstand Lüneburgs begründete, zeigt das Museum in der 1980 geschlossenen Saline, zu dem auch ein Gradierwerk gehört, in dem man tiefe Atemzüge der gesunden Sole nehmen kann. Oder man taucht nebenan in der Salztherme SaLü in die besondere Lüneburger Starksole, die vor allem eine Wohltat für Haut und Atemwege ist und den Stoffwechsel ankurbelt. Lassen Sie sich im Solebecken treiben und genießen Sie Salzsauna oder Heide-Dampfbad.

Nach den Aktivitäten in der Umgebung der Roten Schleuse lockt ein erfrischendes Bad im Naturteich.

29 EIN STÜCK RETRO-GLÜCK

CAMPING STOVER STRAND KLOODT ★★★★½

▸ Stover Strand 10, 21423 Stove, Tel. +49 41 77/430, GPS: 53.42439999, 10.29495

■ pincamp.de/ns3000

»Her mit dem schönen Leben!«, zwitschert der aufgemalte Spatz auf dem Wohnwagen namens »Frollein Taberta«; quietschgelb leuchtet die Küche bei »Petronella Citronella«. »Knutschi« kommt klein, gemütlich, geblümt und rosarot daher. »Blucy in the Sky« besticht dagegen mit einem Vordach voller Lampions. Mittlerweile zwölf liebevoll renovierte Retro-Camper haben Tanja Matthies und Nora Köhnken auf die Wiese gegenüber von Altengamme gezaubert. Jeder Wohnwagen hat nicht nur einen fantasievollen Namen und ein ordentliches Bett, sondern auch eine ganz individuelle Dekoration.

Direkt vor der Tür können die Bewohner der Glamping-Domizile in den Elbradweg einfädeln, angeln, aufs SUP oder ins Kanu steigen und Elbe, Neetze oder Ilmenau befahren. Die Zubereitung von Speisen ist zwar auch im eigenen Wagen möglich. Noch schöner ist das Kochen aber in der Open-Air-Küche mit Hightech-Grill mit anschließendem Essen unter alten Bäumen, während der Nachwuchs auf Holzrössern ins Abendrot reitet. Wer lieber echte Pferde mag, hat in der Umgebung bei einigen Reiterhöfen die Möglichkeit, Ausritte zu organisieren.

Das Glamping-Areal an der Elbe ist nicht der einzige besondere Ort hinter der ordentlich gezogenen Parzellenreihe am Deich. Nahe am Fluss, wo Gäste bei Regenwetter auch mal feuchte Füße bekommen, werden diejenigen glücklich, die das Ursprüngliche am Camping lieben: freie Stellplatzwahl – mit etwas Glück in erster Reihe am Ufer – und weitere ausgefallene Unterkünfte im Retro-Look. Wie wäre es beispielsweise mit einem Schlafstrandkorb direkt am Fluss und Frühstück aus dem Picknickkorb? Oder mit einer Übernachtung in einem gemütlich ausgebauten Schäferwagen? Der Campingplatz ist die perfekte Basis für Wanderungen in den Flussauen oder Radtouren auf dem Deich. Und noch mehr Abwechslung gibt es nebenan am Schiffsanleger Stover Strand, von wo interessante Touren in den Hamburger Hafen starten.

Das schöne Fleckchen direkt an der Elbe nutzten die ersten Erholungssuchenden schon in den 1920er-Jahren. Familie Kloodt übernahm das Areal 1979, gründete den Campingplatz Stover Strand und arbeitete kontinuierlich an der Infrastruktur. Heute wird hier für jeden etwas geboten, vom Dauercamping im Holzhäuschen über Kinderanimation bis zum Anschluss an öffentliche Verkehrsmittel, mit denen die Gäste im Nu nach Hamburg gelangen. Sauna und Wellnessangebote, das Restaurant Strandgut und ein Jachthafen mit Bootsanleger zwischen den beiden Elb-Stränden runden das Angebot ab.

Viele Gäste genießen auf dem Naturplatz mit seinen schönen alten Bäumen einfach nur die Ruhe, schaukeln in der Hängematte oder versuchen beim Angeln ihr Glück. Und irgendwann am Ende des Tages landet dann fast jeder in der »UnsinkBar«, einem mit viel Liebe zum Detail als Bistro und Bar ausgebauten Hausboot, das nicht nur für den Absacker im Abendrot ein herrlicher Ort ist.

Auf dem Elberadweg zur idyllisch gelegenen **Riepenburger Mühle** (www.riepenburger-muehle.de), der größten und ältesten Windmühle Hamburgs
▸ 14 km/50 Min.

Tour bis zum **Wehr Elbe Geesthacht.** Unterwegs gibt's Gelegenheiten für Pausen an kleinen Stränden.
▸ 3,5 km/1,5 Std.

In die Gemeinde Egestorf, wo man im **Naturerlebnispark Lüneburger Heide** auf einem 2,7 km langen Barfußpark 60 verschiedene Bodenbeläge erspüren und im Yoga-Wald Energie tanken kann
▸ 36 km/40 Min.

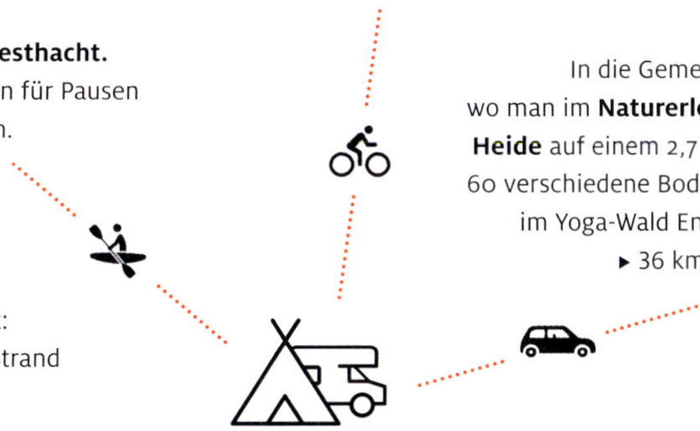

◂ Der Blick reicht bis zum Horizont: Hinterm Deich beginnt am Stover Strand das Campingglück.

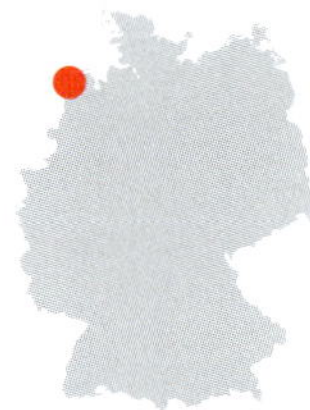

30 SAUNAGARTEN AM GROSSEN MEER

CAMPINGPLATZ GROSSES MEER

▸ Langer Weg, 26624 Südbrookmerland, Tel. +49 49 42/20 47 20 28, GPS: 53.444352, 7.307422

pincamp.de/nw1400

Wer tagsüber nicht schon vollends begeistert ist, der wird es abends sein, wenn die Sonne im Großen Meer versinkt und immer wieder neue Bilder in die Landschaft zeichnet. Wassersportler lieben den kleinen Platz in der Natur, weil sie von hier aus direkt mit dem Kajak loslegen können, um eines der schönsten Gebiete Ostfrieslands vom Wasser aus zu entdecken. Auch Surfer und Segler finden optimale Bedingungen vor. Man kann sich hier aber auch wunderbar erholen, angeln, mit dem Rad den Abelitz-Moordorf-Kanal entlangstrampeln, Ausflüge nach Aurich und Greetsiel unternehmen oder sich einfach nur an der besonderen Tier- und Pflanzenwelt des Naturschutzgebiets erfreuen.

Auf einen erlebnisreichen Tag folgt ein entspannender Ausklang: im roten Sauna-Holzhäuschen oder im Saunagarten, wo man den wohltuenden Kontrast zwischen Hitze und Abkühlung im Freien erleben kann. Und wem das Große Meer nicht groß genug ist: Zur Nordsee sind es von hier nur 25 km.

DAS GROSSE MEER

Zwischen Aurich und Emden im ostfriesischen Südbrookmerland erstreckt sich ein imposanter Niedermoorsee mit knapp 300 ha freier Wasserfläche. Angler, Surfer, Segler und Kanufahrer schätzen das zumeist maximal 1 m tiefe Gewässer. Ein schöner Rundweg mit Überfahrten auf traditionellen, von Hand gezogenen »Pünten« verbindet Großes, Kleines und Loppersumer Meer. Nicht nur für Einheimische ein großer Spaß ist die Kanuregatta im August, Höhepunkt des Sommerfestes am Großen Meer. Eine echte Attraktion ist Niedersachsens viertgrößter See im Winter. Aufgrund der geringen Tiefe entsteht schnell eine tragende Eisschicht, die tausende »Schöfler« (Schlittschuhläufer) anlockt.

Wassersportler können vom Campingplatz aus direkt zu Ausflügen aufs Große Meer starten.

31 MEER, INSEL – MEHR ERHOLUNG

INSEL-CAMP FEHMARN ★★★★★

▸ Zum Meeresstrand 100, 23769 Meeschendorf, Tel. +49 43 71/503 00, GPS: 54.41584999, 11.2441

▪ pindamp.de/sl6270

Am Anfang ist das Ganze noch ein wenig kippelig und die Füße zittern, doch schnell wird der bewegliche Untergrund so vertraut, dass man sich ganz auf die Übungen konzentrieren kann: Mit Yoga auf dem Stand-up-Paddle-Board den Tag zu beginnen, ist ein besonderes Erlebnis. Wenn nur ein paar morgendliche Spaziergänger am Strand unterwegs sind, während auf dem Insel-Camp langsam der Tag erwacht, ist die beste Zeit für den Sonnengruß auf dem Wasser. Der direkte Zugang zum Südküsten-Strand ist nur einer der Vorzüge der großzügig angelegten Anlage zwischen Kornfeldern und Meer, auf der Familie Kleingarn mit Leidenschaft ihren Traum vom genussvollen, aber verantwortungsbewussten Camping lebt. Nicht von ungefähr gilt er als der Campingplatz mit den meisten Umwelt-Auszeichnungen Europas. An jeder Ecke wird Nachhaltigkeit großgeschrieben – vom ökologisch produzierten Strom bis zu der Bushaltestelle mit Mitfahrbank am Platz.

Südöstlich der lebendigen Inselhauptstadt Burg breitet sich dieser ruhige Platz mit viel Atmosphäre aus. Die großzügig angelegten Parzellen gruppieren sich in erster Reihe am Strand und dahinter nicht mehr ganz so ordentlich aufgereiht. Doch überall spielt die Hauptrolle das Meer. Bei ungewöhnlichen 2200 Sonnenstunden stehen die Chancen gut für schöne Tage am und im Wasser. Egal ob Beachvolleyball, Surfen, Segeln oder eine Strandwanderung zur Steilküste Staberhuk, die bizarr ins Meer abfällt – für ausreichend Abwechslung ist gesorgt.

NOCH MEHR WASSER

Einen halbstündigen Strandspaziergang vom Platz entfernt liegt das FehMare. Frühaufsteher ziehen ab 8 Uhr in dem vom dänischen Designer Arne Jacobsen entworfenen Schwimmbad mit Meerblick ihre Bahnen. Wer mag, kann danach noch Jogging und Powerübungen im Meerwasserbecken, Wellnesspakete und Badezeremonien absolvieren. Es gibt sogar die Möglichkeit, eine Nacht im »Sleeperoo«-Würfel auf dem Dach des FehMare zu verbringen – die letzte Bahn im nächtlichen Schwimmbecken und den ersten Sprung ins Wasser am Morgen inklusive!
▸ www.fehmare.de

Lautstarke Animation wird man im Insel-Camp vergeblich suchen, dafür gibt es entspannende Wellnessangebote, Kultur im Zirkuszelt und ruhige Abende auf der Terrasse des gemütlich-eleganten Restaurants Bootshaus. Yoga muss man hier übrigens nicht zwingend auf dem SUP betreiben. Im lichtdurchfluteten Fitnessraum kann man die Sonne auch auf stabilem Untergrund begrüßen bzw. autogenes Training oder Body-Workout betreiben.

Radtour zum **Mühlenmuseum Lemkenhafen** (www.museum-fehmarn.de/muehlenmuseum.html), das in einer Holländermühle von 1787 untergebracht ist
▸ 13 km/40 Min.

Tour bei Windstille am Morgen für geübte Stand-up-Paddler zum **Leuchtturm Staberhuk** an der südöstlichsten Spitze der Insel
▸ 4,5 km

Zur **Salzgrotte Fehmarn** (www.salzinsel-fehmarn.de), wo man bei 60 % Luftfeuchtigkeit, 21 °C und feinem Solenebel tief entspannen kann
▸ 16 km/20 Min.

◂ Auf der großzügig gestalteten Anlage des Insel-Camp findet jeder ausreichend Platz für seine Bedürfnisse.

32 RELAXEN MIT SAND UNTER DEN FÜSSEN

MEERGRÜN – CAMPINGPARK OLSDORF & WESTKÜSTEN-LODGE ★★★½☆

▸ Bövergeest 56, 25826 Sankt Peter-Ording, Tel. +49 48 63/47 63 17, GPS: 54.30701667, 8.64836666

▪ pincamp.de/sl1100

Er ist zwar weder klassisch rot-weiß gestreift, noch begehbar, aber der Böhler Leuchtturm ist einer der Orte, die man bei einem Urlaub auf der Halbinsel Eiderstedt unbedingt einmal besuchen muss. Besonders abends, wenn die Sonne in der Nordsee versinkt, gibt es kaum einen schöneren Platz als den 18 m hohen Ziegelturm, der seit 1892 das Eiderfahrwasser markiert. Der Turm erhebt sich nicht weit von St. Peter-Ording und Tating, wo Familie Korupp ihre beiden meerGrün-Campingplätze betreibt. Sie liegen mitten im Grünen und nah am Meer an der westlichen Spitze der Halbinsel, die 30 km in die Nordsee hineinragt.

Entsprechend sind hier Landschaft und Alltag vom Meer und seinen Gezeiten geprägt, und auch das Campingleben folgt dem Takt der Natur: Im Frühling,

SCHWITZEN MIT AUSSICHT

Ganz großes Landschaftskino erwartet die Besucher in der Pfahlbausauna der Dünen-Therme St. Peter-Ording. Hier sind die Panoramafenster besonders groß und der grandiose Blick über Dünenlandschaft, Salzwiesen und Seebrücke hat schon so manchen Gast zu einem außerplanmäßigen Schwitzgang veranlasst. Beim anschließenden Abkühlen im Saunagarten in den Dünen atmet man tief die würzige Seeluft ein. Alternativ gibt es Wellness, Schlick- und Algenbäder und als besondere Spezialität Thalasso. Alle, die mehr Action mögen, tummeln sich im Erlebnisbad zwischen Rutschen und Wellenbecken.

▸ www.st-peter-ording.de/duenentherme

Momente zu zweit, die nachwirken: Strandspaziergänge machen den Nordseeurlaub so erholsam.

wenn das frische Grün noch stärker leuchtet, sorgen junge Lämmer auf staksigen Beinen für Begeisterung. Im Sommer, wenn der Strandflieder die Salzwiesen lila färbt, versuchen Einheimische wie Gäste beim traditionellen Klootstockspringen trockenen Fußes über die Gräben und Sielzüge der Marschen zu hüpfen. Und im Herbst und Winter, wenn es ruhig und manchmal stürmisch wird, ist Zeit für lange Spaziergänge. Im Campingpark Olsdorf mit Stellplätzen rund ums grasgedeckte Zentralgebäude und einem gemütlichen Saunabereich unterm Dach kann man das ganze Jahr über seine Zelte aufschlagen.

Weitläufiger geht es in dem Landschaftsgarten der Westküsten-Lodge zu. Gäste können hier unter alten Obstbäumen zelten, den Camper mit Blick ins Grüne aufstellen, im Naturbadeteich schwimmen und sich an Schmuddelwetter-Tagen in der Sauna aufwärmen. Herzstück des Geländes ist eine schöne Villa, in der Juniorchef John in seiner Felix-Bar mit Cocktails, Burgern und indischer Küche in modern-opulentem Ambiente seine Gäste für ein paar Stunden weit über Eiderstedt hinaus reisen lässt.

Ganz in der Nähe ist der Golfplatz von Böhl schon allein aufgrund seiner Kulisse eine Top-Adresse für Sportbegeisterte. Hinzu kommt, dass er einer der wenigen deutschen »Links«-Plätze ist, also wie ursprünglich in Großbritannien in einer Dünenlandschaft angelegt ist. Eine etwas ungezwungenere Alternative ist die Anlage Open County in Tating, ein unkonventioneller Neun-Loch-Platz in urwüchsiger Landschaft, für den man weder Platzreife noch Mitgliedschaft braucht.

Die Flüsse Eider und Treene mit ihren wildromantischen Ufern zählen zu Deutschlands schönsten Revieren für Kanuwanderer und Erkundungstouren mit dem SUP. Von beiden meerGrün-Plätzen führen Rad- und Wanderwege in den duftenden Kiefernwald und zum Aussichtsturm auf der höchsten Düne Maleens Knoll, wo der Sage nach die junge Maleen jahrelang vergebens auf ihren Verlobten gewartet haben soll.

33 GUA SHA HINTERM DEICH

NORDSEECAMPING ZUM SEEHUND ★★★★☆

▸ Lundenbergweg 4, 25813 Simonsberg, Tel. +49 48 41/39 99, GPS: 54.45533333, 8.97214999

▪ pincamp.de/sl0900

Die Decke bis zum Kinn ziehen, dem Rauschen der Wellen zuhören, in tiefen Zügen die salzige Seeluft einatmen und einfach nur in den Himmel schauen, bis die Augen zufallen! Es ist schon ein paar Jahre her, dass in Schleswig-Holstein auf der Suche nach dem »puren Glück am Meer« die Idee zum Schlafstrandkorb geboren wurde. Die Idee wurde prompt mit dem Deutschen Tourismuspreis 2016 ausgezeichnet, und von Anfang an standen einige dieser Strandkörbe mit großer Liegefläche, Bullaugen und Verdeck am Platz Nordseecamping zum Seehund. Nach wie vor ist hier die Nacht unter freiem Himmel und mitten im Grünen äußerst beliebt und ein ganz besonderes Erlebnis.

Ob Schlafstrandkorb oder ganz normales Camping: In Nordfriesland, direkt hinterm Deich im Süden von Husum, versteckt sich ein Ort zum Abschalten. Auf dem großzügig angelegten Platz von Kathrin Wawerla und Matthias Koerber kommt jeder auf seine Weise zur wohlverdienten Ruhe: im Naturteich bei einem frühen Bad in der Morgensonne, auf einer Wanderung im Nationalpark Wattenmeer, bei einer Vogelbeobachtungstour oder während einer Radtour auf der »Sturmflutroute« durch Marschlandschaft und Salzwiesen. Auch für windzerzauste Deichspaziergänge ist der Platz ideal.

Und während sich die Bewegungshungrigen beim Beachvolleyball treffen, zieht es Genießer in die einladende Wellnessoase mit Sauna, Dampfbad, einem modern ausgestatteten Fitnessraum mit Ausblick und Massagen von Gua Sha, damit man strahlend frisch in den Tag starten kann. Hinzu kommen Gesichtsbehandlungen und Teilmassagen, Ganzkörperbehandlung mit duftenden Ölen oder heißen Steinen, die so entspannend und angenehm sind, dass man sie gar nicht wieder loswerden möchte. Zum Abschluss eines gelungenen Wellnessprogramms geht es dann auf die Dachterrasse, wo man sich mit Blick ins Grüne noch ein Weilchen vor dem Alltag verstecken kann, ganz stilecht im Strandkorb.

Morgendliche Bahnen ziehen im Naturschwimmbad: Hier beginnen entspannte Urlaubstage.

34 SYLTER OASE FÜR RUHESUCHENDE

CAMPINGPLATZ MÜHLENHOF SYLT ★★★★☆

▸ Melnstich 7, 25980 Morsum, Tel. +49 46 51/89 04 44, GPS: 54.86521667, 8.42093333

■ pincamp.de/sl0250

Ist das wirklich die beliebte Ferieninsel Sylt? Weite Wiesen und Felder, Pferde in der Nachbarschaft – und der Blick schweift ungehindert über die duftende Kamille von den Holzterrassen der Mobilheime, die zum Sonnenbaden einladen. Dort, wo Deutschlands nördlichste Insel am stillsten ist, nahe dem Luftkurort Morsum, stellten Mathilde und Ludwig Jürgensen vor einem halben Jahrhundert fünf Wohnwagen auf, um Gäste zu beherbergen. Heute führen Christian und Pia Nicole Jürgensen den Mühlenhof und auch wenn der Platz ein ganzes Stück größer und moderner geworden ist, ist er noch immer ein Geheimtipp für alle, die Ruhe suchen.

Große Bäume und blühende Hecken säumen die Stellplätze im Grünen auf dem alten Platzteil. Strandkörbe laden auf der Wiese vor dem altehrwürdigen Backsteinhaus des Mühlenhofs mit seinen Apartments im Landhausstil dazu ein, die Zeit zu vergessen. Ein passendes Buch dafür findet man sicher in der zur Bibliothek umfunktionierten knallgelben Telefonzelle, die sofort ins Auge fällt. Es sind diese vielen schönen Details, die den Aufenthalt bei den Jürgensens so besonders machen. An Töpfen mit frischen Kräutern dürfen sich Gäste gegen einen kleinen Obolus selbst bedienen. Ein »Schietwetterraum« sorgt mit Spielen und netter Gesellschaft für Abwechslung an Regentagen. Und aus dem eleganten Streetfood-Imbisswagen duftet es am Mittag verführerisch nach Crêpes. Für frische Milch und Eier können Gäste zum Bauernhof radeln, die Regio-Box einer Landschlachterei hält Sylter Spezialitäten bereit. Und die knusprigen Frühstücksbrötchen kommen noch vom traditionellen Bäcker und nicht aus dem Aufback-Ofen.

Wer zwischendurch etwas mehr Trubel haben möchte, ist dank guter Verkehrsanbindung schnell am Strand von Westerland. Ansonsten lädt der Nösse-Deich zu Spaziergängen ein. Es warten Wanderungen und Radtouren fernab jeglichen Autoverkehrs: Einfach losziehen und die Seeluft in vollen Zügen genießen!

EIN STÜCK SYLT FÜR DAHEIM

Schlick aus dem Wattenmeer, Algen aus List, opulent duftende Heckenrosen, Rapshonig aus Morsum oder pulverisierte Austernschalen – in Handarbeit entstehen in der Sylter Seifen-Manufaktur am Morsumer Bahnhof feine Unikate aus lokalen Zutaten. Damit stellt sich daheim im Badezimmer ganz schnell wieder das Urlaubs-Feeling ein. Ein Besuch im Laden von Kirsten Deppe lohnt sich fast immer. Hier findet jeder ein passendes Mitbringsel für zuhause.

▸ https://sylterseifen.de

Zum **Aussichtspunkt Morsum Kliff**; zu Fuß geht es anschließend weiter durch eine herrliche Heide- und Moorlandschaft.
▸ 4 km/20 Min.

Zur **Morsumer Badestelle** gleich hinterm Deich, wo weiße Strandkörbe und Picknicktische zur Pause mit Blick bis Hörnum und Rantum einladen und bei Flut ein Bad im Meer lockt
▸ 1,5 km/15 Min.

Zur **Strandsauna Listland** (www.strandsauna.info) mitten in den Dünen, wo man nach dem Saunieren zum Abkühlen direkt ins Meer springt
▸ 22 km/25 Min.

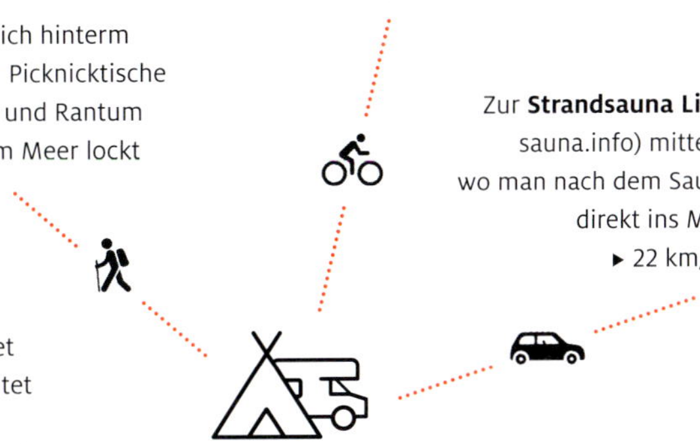

◂ Der Blick auf den Horizont gerichtet und die Füße im Sand: Auf Sylt gestaltet die Natur das Wellnessprogramm.

Duftende Wälder, kristalklare Seen und erhabene Berglandschaften – die Schweizer Natur bietet ideale Voraussetzungen für eine wohlverdiente Ich-Zeit.

Schweiz

Mit den Zielen …

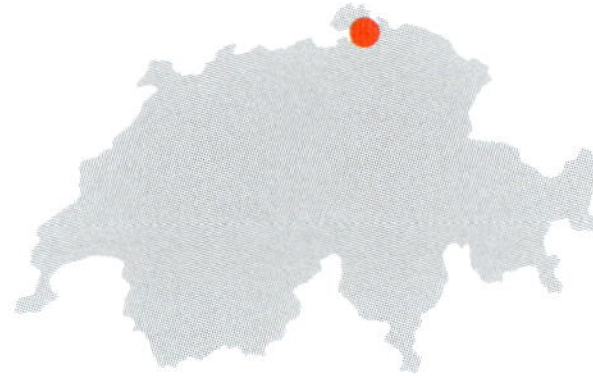

35 AUFTANKEN IN DER AUENLANDSCHAFT

TCS CAMPING FLAACH AM RHEIN ★★★½

▸ Steubisallmend 761, 8416 Flaach, Tel. +41 52/318 14 13, GPS: 47.57851667, 8.5831

■ pincamp.de/zr1100

Im ersten Moment kostet es Überwindung. Doch wer einmal eingetaucht ist, wird nicht wieder hinauswollen, vorausgesetzt, man ist ein sicherer Schwimmer. Auch am Campingplatz Flaach am Rhein zelebrieren die Schweizer, was sie im Sommer so lieben: Flussbaden. Es gibt eine Einstiegs- und eine Ausstiegsstelle und dazwischen herrliche 200 m Fluss, auf denen man sich mit der Strömung treiben lassen kann. Hier, wo der Rhein noch klein und das andere Ufer greifbar nah ist, bestimmt der Fluss das Tempo. Doch er ist mehr als nur ein Badeplatz. Er begeistert schon morgens durch seine Aura, wenn die Auenlandschaft erwacht. Er ist Anfahrtsweg für jene, die auf einer längeren Wasserwanderung hier Station machen und wunderbare Kulisse, wenn man auf dem Platz seine Zelte aufschlägt.

Nach Stammheim im Stammertal, wo man auf dem 7,7 km langen **Hopfen-Bierpfad** vieles über den Schweizer Hopfen und die Landwirtschaft im »Zürcher Weinland« erfährt
▸ 20 km/25 Min.

Auf der Rheinroute durch Auwaldgebiete und Sonnenblumenfelder zum **Rheinfall** und nach Schaffhausen
▸ 20 km/1 Std.

Vom Rheinfall bei Schaffhausen flussabwärts, vorbei an der imposanten **Klosterinsel Rheinau** und bis zum Campingplatz
▸ 22 km/7 Std.

Camping im Zeichen des großen Stroms: In Flaach beginnt die Erholung am, im oder auf dem Rhein.

Flaach ist eine gemütliche, ruhige Anlage mit Zeltwiesen und Stellplätzen unter alten Bäumen, reichlich Platz und schönen Mietobjekten für all jene, die ohne eigenen Camper, Wohnwagen oder Zelt anreisen. Das Abenteuer im »Abenteuerdorf« ist auf hohem Niveau. Selbst die kleinen, hölzernen iglufömigen Pod-Unterkünfte sind gut ausgestattet, die geräumigen Schäferwagen sowieso. Und wenn man sich im Safarizelt einquartiert, sitzt man abends unter hübsch arrangierten Leuchten auf der weitläufigen Terrasse. Selbst im Tipi schläft man auf gemütlichen Matratzen, wenn man sich am Abend von der eigenen Feuerstelle ins Zelt zurückzieht.

Gleich nebenan geht es für Campinggäste gratis ins Freibad Flaach und auch das Angebot des Naturzentrums Thurauen ist inklusive. Dazu gehört auch ein exklusives Programm mit Touren auf Biberspuren und Führungen auf einem Erlebnispfad, der Besuchern die Auenlandschaft mit ihren Tümpeln und Baumhöhlen nahebringt. Besonders erlebnisreich sind die Abendspaziergänge, wenn sich die Dämmerung über die Auenlandschaft legt und bei gespitzten Ohren plötzlich ganz andere Geräusche zu hören sind als tagsüber. Mit etwas Glück entdeckt man einen Eisvogel mit seinem blau leuchtenden Gefieder oder den nassen Kopf eines Bibers im Wasser. Ruhesuchende können sich aber auch einfach nur auf die Wiese oder ans Ufer setzen, die Stille genießen, den Tag Revue passieren lassen und Pläne schmieden.

Eine Kräuterwanderung am Alten Rhein, eine Sommerserenade im Kloster Rheinau oder eine Runde auf dem 3 km langen Vita-Parcours, der mit seinen 15 Stationen Ausdauer, Kraft und Beweglichkeit trainiert, sind weitere Möglichkeiten für Aktivitäten in der Umgebung. Und auch das Zürcher Weinland, das sich malerisch zwischen Rheinfall und Winterthur erstreckt, will entdeckt werden. Seit innovative Winzer ihre Liebe für »Cool Climate«-Weine entdeckt haben, verliert die Region, die unter anderem Weinländer Blauburgunder oder Pinot Blanc erzeugt, zunehmend ihr angestaubtes Image.

36 CAMPINGIDYLL MIT MOLKEBAD

HOTEL LANDGASTHOF EISCHEN ★★★☆☆

▸ 9050 Appenzell, Tel. +41 71/787 50 30, GPS: 47.32198333, 9.38676667

■ pincamp.de/os2500

Wer am Landgasthof Eischen ein Zelt aufschlägt oder sein rollendes Feriendomizil parkt, hat stets das Appenzellerland, Vorarlberg und Säntis zu Füßen. Auch, wenn man sich im Wellnessbereich im eleganten Anbau zwischen Panoramabad und Saunadorf oder im blubbernden Whirlpool im Garten seinen Lieblingsplatz aussucht, ist die Aussicht stets phänomenal. Drei Kilometer westlich von Appenzell bewirtet Familie Inauen auf hügeligen Wiesen Gäste, die Wert auf Ruhe und klare Bergluft legen. Beim Saunieren kann man hier den Blick übers Grüne schweifen lassen, im Pool den Bergen entgegen schwimmen oder sich mit einem Aperitif in der Lounge auf den Abend einstimmen.

Eine besondere Art Wellness gibt es während der Alpzeit von Anfang Juni bis Ende August ganz in der Nähe des Platzes: ein Molkebad bei Daniela und Hans Gmünder-Gollbach auf der Seealp (www.seealpchaes.ch). Mit Traumblick und Kuhglockengeläut im Ohr taucht man in cremig-weiche Molke, die mit etwa 40 °C direkt aus der Käseküche in den großen Holzbottich fließt. Das ist nicht nur herrlich entspannend nach dem 12,5 km langen Aufstieg zur Seealp, der mit dem Mountainbike etwa eine Stunde dauert, zu Fuß knapp drei. Mit ihrem Mix aus Vitaminen, Kalzium und Kalium ist Molke auch eine Wohltat für die Haut. Nicht ganz so hoch hinaus muss man, wenn man sich beim Kräuter-Schopf ein Picknickkörbchen mit Köstlichkeiten richten lassen möchte. Einen Platz zum Verspeisen findet man im Bio-Kräutergarten (www.kraeuter-schopf.ch).

Direkt vom Campingplatz des Landgasthofs Eischen führen zahllose Wege in den reizvollen Alpstein.

37 AKTIV VOR ALPENPANORAMA

CAMPING EIENWÄLDLI ★★★★½

▸ Wasserfallstr. 108, 6390 Engelberg, Tel. +41 41/637 19 49, GPS: 46.81005, 8.42248333

▪ pincamp.de/zs3600

Sobald Murmeltiere oder Gämsen auftauchen, werden alle ganz still. Wer morgens um 6 Uhr rund um Engelberg mit einem Wildhüter zur Wildbeobachtung aufbricht, hat gute Chancen, allerhand vors Fernglas zu bekommen. Der Ort auf dem sonnigen Talboden zwischen Titlis-Massiv und der Bergkette der Walenstöcke lockt vor allem Gäste an, die es in die Natur zieht. Die alpine Umgebung bildet eine imposante Kulisse für den Campingplatz, der für Bergsportler das ganze Jahr über attraktiv ist: Wandern, Klettern und Wintersport sind hier alltägliches Programm. Wer es ruhiger mag, entspannt bei einer Kajakrunde auf dem Trübsee.

Camping geht im Eienwäldli das ganze Jahr – und ist alles andere als spartanisch, wenn man den Service des angrenzenden Hotels nutzt. Wie wäre es z. B. mit einer Wohlfühl-Auszeit im elegant-alpinen Wellnessbereich? Völlig entspannt gehen die Tage dann zu Ende, wenn beim Yoga die Abendsonne langsam hinter den Bergen versinkt.

DIE KRAFT DER NATUR

Fasziniert vor einem Wasserfall stehen, Wassertropfen auf der Haut spüren und die Kraft der Natur fühlen – solche und andere Naturerlebnisse sind in den Bergen bei Engelberg keine Seltenheit. Mehr als 30 »Kraftorte« gibt es deshalb rund um das Klosterdorf südlich des Vierwaldstättersees zu bestaunen. Mit dem »Grotzliweg«, dem »Quellenweg Dagenstal« und der »Kraftroute Stäuber« führen drei Strecken zu beeindruckenden Orten, an denen Wanderer mühelos ihrer Kraftreserven auftanken können. Die Wege lohnen aber auch wegen der Aussicht, die sich unterwegs immer wieder auftut.

▸ www.fuerenalp.ch/kraftorte

Für Alpen- und Naturliebhaber das reinste Paradies:
die atemberaubende Bergwelt Engelberg

38 GANZ RELAXT IM SCHATTEN DER DREI GIPFEL

CAMPING LAZY RANCHO 4 ★★★½

▸ Lehnweg 6, 3800 Unterseen, Tel. +41 33/822 87 16, GPS: 46.68585, 7.83089999

■ pincamp.de/be3600

Vorsicht, dass das Whirlpool-Wasser nicht ins Sektglas blubbert! Vor lauter Begeisterung über das entspannte Bad im heißen Zuber könnte man durchaus unachtsam werden, während man der Frage nachgeht, welche Gipfel nun zum berühmten Hochgebirgs-Dreigestirn aus Eiger, Mönch und Jungfrau gehören. Die umsichtigen Gastgeber wissen es auf jeden Fall. Aline und Stephan Blatter-Rieder stehen mit Rat und Tat zur Seite.

Interlaken im Berner Oberland liegt auf einer weiten Schwemmebene zwischen Thuner- und Brienzersee. Und hier befindet man sich in ausgezeichneter Ausgangslage für Touren zu den berühmten Bergriesen, die vor allem ein sportliches Publikum und Naturbegeisterte anziehen. Unzählige Wasserfälle stürzen hier zu Tal, in der Aareschlucht spritzt die Gischt zwischen senkrechten Felswänden, blühende Wiesen überziehen steile Hänge und wer zu Fuß oder mit der Bahn die Berge erklimmt, tut dies vor einem eindrucksvollen Gipfelpanorama. Zehn ausgewiesene »Kraftorte« lassen Besucher die Energie dieser Landschaft spüren oder einfach nur zur Ruhe kommen. Wer danach noch nicht genug Kraft getankt hat, kann sich im Lazy Rancho 4 in die gemütliche Fasssauna zurückziehen oder ins kleine Schwimmbad springen – genau richtig nach aktiven Tagen mit Wanderungen oder Radtouren, für die es hier unzählige Möglichkeiten gibt. Es ist aber durchaus auch reizvoll, einen Tag am Platz zu verbringen, am besten an einem der Tage mit Brunch mit heimischem Käse. Danach den Liegestuhl unter einen Obstbaum stellen und den Blick über die Berge schweifen lassen – relaxter geht es nicht! Die Berge sind von den Stellplätzen auf den locker belegten Wiesen fast immer zu sehen – natürlich auch von den gut ausgestatteten Bungalows und Holziglus, die es in einfacher oder Luxus-Version gibt. Ein besonders kuschelig eingerichtetes »Love-Iglu« mit Herzchen auf den Gardinen wartet mit Prosecco im Kühlschrank.

SEE MIT AUSSICHT

Türkisgrün breitet sich der Brienzersee zwischen den Bergen aus, ein Anblick, der Sean Good immer wieder aufs Neue begeistert. Und die Begeisterung des Wahl-Schweizers ist ansteckend, sobald er mit Gästen ins Kajak steigt. Vom Strandbad Böningen paddeln sie hinüber zu den Felsklippen am Nordufer, um nach einem Abstecher zu Fuß von den Mauern des alten Schlosses Ringgenberg die Aussicht zu genießen. Besonders stimmungsvoll sind die Abendtouren, wenn es ruhig wird und die Sonne den See in sanftes Licht taucht.

▸ www.hightide.ch

Auf dem Berner-Oberländer-Weg, einem Teilstück der Schweizer Jakobswege, nach **Merlingen** (zurück mit Bus oder Schiff)
▸ 13 km/3 Std. 30 Min.

Wald-Wellness im **Salzano Day Spa** (www.salzano.ch) mit Brechelbad, Waldmassage und Arvenholz-Sauna inklusive Eiger-Blick
▸ 700 m/10 Min.

Mit dem Schaufelraddampfer »DS Lötschberg« nach Brienz und von dort mit der Dampfzahnradbahn aufs 2350 m hohe **Brienzer Rothorn**
▸ 30 km/3 Std.

◂ Verlockung für Alpinsportler und Naturfans: Die Gipfel der Jungfrauregion sind im Lazy Rancho stets im Blick.

39 THERMALBADEN ZWISCHEN VIERTAUSENDERN

THERMAL CAMPING BRIGERBAD ★★★★

▸ 3900 Brig, Tel. +41 27/948 48 37, GPS: 46.30168333, 7.9308

■ pincamp.de/vs1600

Ganze 182 m lang ist die Thermalwasser-Rutsche, die sich an einem Hang im Brigerbad recht imposant an Felsen und Bäumen vorbei ins Auslaufbecken schlängelt. Sie gilt als die längste in Europa, ist für alle Altersklassen ein Vergnügen und vor allem für Erholung suchende Eltern ein Garant dafür, dass dem Nachwuchs im Wellnessurlaub nicht langweilig wird. Aber es ist nur eine von vielen Attraktionen im größten Freiluft-Thermalschwimmbad der Schweiz, das direkt an den dazugehörigen Campingplatz angrenzt, eine weitläufig angelegte Anlage mit altem Baumbestand.

Urlaubstage können hier schon sportlich beginnen, etwa beim Floating Fitness auf einer im Becken schwimmenden Matte: Auf dem beweglichen Untergrund stimulieren Yoga, Pilates oder Stretching die Tiefenmuskulatur besonders intensiv. Wer es entspannter mag, genießt Wellness und Massagen oder einfach ungestörtes Bahnenschwimmen im 50 m langen Olympiabecken. Mit seinen vielen unterschiedlichen Pools und kleineren Becken und dem riesigen Angebot an Anwendungen lädt das Brigerbad dazu ein, ganze Tage zu vertrödeln. Eines der Becken befindet sich in einer imposanten Grotte, deren feucht-warmes Klima wohltuend auf die Bronchien wirkt. Das Wasser der Anlage ist besonders gut dazu geeignet, gesundheitliche Beschwerden mit dem Bewegungsapparat und rheumatische Erkrankungen zu lindern.

Spektakulär ist aber auch die Lage des Platzes im Süden der Schweiz. Steil ragen die Berge zu beiden Seiten des Rhonetals auf. Immerhin hat das Wallis 41 Viertausender zu bieten, auf denen selbst im Hochsommer gelegentlich noch Schnee glitzert. Im Tal mit seinen mehr als 300 Sonnentagen jährlich wird es dagegen im Sommer heiß und trocken. Hier wachsen Kakteen und köstliche Aprikosen sowie Weine, die man unbedingt vor Ort verkosten sollte. Denn aufgrund der überschaubaren Erträge bekommt man die hier heimischen Sorten selten anderswo zu kaufen.

KRAFTQUELLE BERGWALD

Der seit 1933 unter Schutz stehende Aletschwald mit seinen dunkelgrünen Zirbelkiefern und Lärchen gilt als einer der schönsten Bergwälder der Schweiz. Jeder Spaziergang ist etwas Besonderes, umso mehr, wenn man sich bei achtsamen Wanderungen intensiv auf die kleinen Details einlässt, Rinde spürt, Kräuter erschnuppert und den Geräuschen der Tiere lauscht. Auf der autofreien Riederalp, die man von Mörel aus per Luftseilbahn erreicht, nehmen Steffi Mattig und Karin Bittel Naturbegeisterte mit zum »Waldbaden im Aletschwald«.

▸ www.mountainbliss.ch

Mit reizvollen Panoramen von der Fafleralp über den **Lötschentaler Sagenweg** nach Goppenstein; An- und Abreise bequem mit dem Postauto ab Brigerbad
▸ 20 km/7 Std.

In die Gemeinde **Mund**, die für ihren exklusiven Safran berühmt ist. Ernte ist im Oktober; das Safranmuseum informiert das ganze Jahr über
▸ 15 km/1 Std. 30 Min.

Besuch in der **Leukerbad Therme** für ein Champagner-Frühstück, serviert auf schwimmenden Tabletts im Wasser
▸ 38 km/45 Min.

◂ Während sich die Großen beim Wellness entspannen, kann sich der Nachwuchs im Brigerbad austoben.

40 FRÜHSPORT UND WELLNESS MIT TESSINER FLAIR

CAMPING TAMARO RESORT ★★★★½

▸ Via Mappo 32, 6598 Tenero, Tel. +41 91/745 21 61, GPS: 46.17575, 8.84488333

■ pincamp.de/ti2750

Vogelgezwitscher im Ohr, Kaffeeduft in der Nase und mit jedem tiefen Atemzug die noch kühle Luft am See inhalieren – so begrüßen die Frühsportler den Tag, die sich auf der Liegewiese am See treffen, bevor sich die Badegäste am Wasser einrichten. Hier die Yogaübungen zu praktizieren, ist schon etwas Besonderes. Neben klassischem Yoga und actionreicheren Alternativen wie Jumping Fitness oder Zumba bietet Natascha Giulietti auch Yogaflex-Fitness an, bei dem sie Yoga mit Elementen von Tai Chi, Afro moves und Pilates kombiniert. Danach noch kurz ein Bad im See, bevor es zum Frühstück geht? Oder sollte man lieber gleich nebenan ein SUP ausleihen und versuchen, ob das mit dem Sonnengruß auch auf kippeligem Untergrund klappt?

Wo der Fluss Verzasca in den Lago Maggiore mündet, erstreckt sich der Campingplatz Tamaro Resort: ein Platz am See, der Urlaubern vom Strand bis zum Liegeplatz für Segelboote alle Annehmlichkeiten am Wasser bietet und zugleich perfekter Ausgangspunkt ist, um das Tessin zu entdecken. In diesem Teil der Schweiz mit seinen von Palmen gesäumten Uferpromenaden und hübschen Städten fühlt sich alles schon ein bisschen mediterraner an, auch, wenn es gut sein kann, dass die Berge noch Schneespitzen tragen. Städte wie Locarno und Ascona sind nicht nur während ihrer international renommierten Kino- und Jazzfestivals unbedingt einen Abstecher wert. Auch ein Besuch in einem Grotto, jenem typischen Tessiner Felsenkeller, sollte man nicht verpassen. Wo einst Lebensmittel kühl gelagert wurden, sitzt man heute am Steintisch und verkostet Wein, Polenta, Käse und Wurst. Ein Stück von dieser Tessiner Besonderheit hat Familie Zanolini auch auf ihr Tamaro Resort gebracht – nicht im Restaurant, sondern im Wellnessbereich mit Steinmauern und Fensternischen, in denen Kerzen für Atmosphäre sorgen. Schon allein die Umgebung macht eine Massage hier zum Genuss.

WASSERSPIELE AN DER VERZASCA

Smaragdgrün, türkisblau oder glasklar glitzert das Wasser, das in unzähligen Becken mächtige Felsblöcke umfließt. Flussaufwärts im Verzasca-Tal treffen Urgewalt und Schönheit aufeinander und bilden eine atemberaubende Landschaft. Faszinierend ist das zu jeder Jahreszeit. Im Sommer sind die Schluchten und steilen Fälle der Verzasca ein beliebtes Revier für erfahrene Kajaksportler aus aller Welt. Wo die Strömung sanfter und die Felsbecken größer sind, tummeln sich Badende an heißen Sommertagen. Bisweilen lohnt es sich hier aber auch, nach oben zu schauen, etwa in Lavertezzo, wo die Bogenbrücke Ponte dei Salti aus dem 17. Jh. den Fluss überspannt.

Nach **Bellinzona** mit unzähligen Piazze, schönen Läden und drei trutzigen Schlössern, von denen man bis zum Lago Maggiore sehen kann
▸ 25 km/30 Min.

Zu einer Japanischen Teezeremonie auf dem **Monte Verita**, der sich im frühen 20. Jh. als vegetarische Kolonie einen Namen machte
▸ 9,5 km/2 Std.

Durchs sonnige **Vallemaggia**, wo typische Steinhäuser, Wiesen, kleine Weingärten und einige Grotti warten
▸ 35 km/1 Std. 40 Min.

◂ Schon ein wenig wie am Mittelmeer: Blau glitzert der Lago Maggiore in der Sonne und lädt zum Verweilen ein.

41 TROPISCHES TESSIN

MIRALAGO CAMPING & BEACHRESORT ★★★★½

▸ 6598 Tenero, Tel. +41 91/745 12 55, GPS: 46.17285, 8.84805

■ pincamp.de/ti2700

Glück gehabt! Ein Stellplatz in erster Reihe zum See war noch frei und so fällt der allererste Blick am Morgen aufs schimmernde Wasser, das sich ganz glatt vor dem menschenleeren Ufer ausbreitet. Noch sind die Liegestühle unbelegt und die mit Palmblättern gedeckten Sonnenschirme nur ein schönes Fotomotiv vor den Bergen. Frühaufsteher haben hier viele Möglichkeiten, den Urlaubstag aktiv zu begrüßen: etwa mit einem Bad im See oder einer morgendlichen Fahrt mit dem SUP-Board, wenn alles noch ganz still ist. Dann ist übrigens auch eine gute Zeit zur Vogelbeobachtung ganz in der Nähe des Platzes im Verzasca-Delta, wo der Fluss aus den Bergen in den See mündet.

Auf der Runde **Sentiero dello Yoga** (www.b-yoga.ch) in Vairano durch den Wald wandern und mit Übungen an ausgesuchten Plätzen die Natur spüren
▸ 3 km/2 Std.

Panoramastrecke ins malerische Bergdorf **Mergoscia** im geografischen Zentrum des Kantons Tessin
▸ 8,5 km/1 Std. 15 Min.

Zur **Isola Grande di Brissago**, auf der wegen ihres subtropischen Klimas Pflanzen aller Kontinente kultiviert werden
▸ 12 km/45 Min.

Ganz relaxt am Lago Maggiore: In Miralago trifft Badeurlaub auf höchsten Wohlfühlkomfort.

Hier im Norden ist der Lago Maggiore so weit, dass die Tage viele Sonnenstunden haben, während die Ufer weiter im Süden häufiger im Schatten der hohen Berge liegen. Die Sommer sind in der »Sonnenstube der Schweiz« lang und die Winter mild. Und wenn es trotzdem einmal frisch werden sollte, setzt man sich mit einem Glas Wein ans knisternde Feuer im Kamin der »Villa« und betrachtet aus dem großen Panoramafenster den glitzernden See im klaren Winterlicht.

In Miralago ist man zu jeder Jahreszeit auf Gäste eingestellt. Sanitärgebäude und eine Vielzahl von Bungalows und Mietwohnwagen sind so ausgestattet, dass man sich auch in den Wintermonaten bedenkenlos einquartieren kann. Zwar gibt es keinen Wellnessbereich am Platz, auf entspannende Massagen und Beauty-Anwendungen muss hier aber trotzdem niemand verzichten. Mit etwas Glück kommt das »Wellness-Mobil« während des Aufenthalts auf den Platz. Dann kann man sich in die Hände einer passionierten Kosmetikerin begeben, die mit Naturprodukten im umgebauten Camper für Entspannung sorgt.

Ruhe und Entspannung findet man auch in den Strandbetten, die an zahlreichen Orten in schöner Lage auf dem Campingplatz stehen. Oder sollte man sich doch lieber unter einen knallig pinkfarbenen Sonnenschirm am Bali-Beach legen? Den ganzen Tag über lockt der Sandstrand mit Badefreuden und Sonne satt. Besonders stimmungsvoll wird es aber, wenn die Abendsonne im See versinkt, die Palmen illuminiert werden und immer mehr Lichter in Locarno und Ascona leuchten. Die hübschen Städte mit ihren engen Gassen und mediterranen Plätzen sind mit dem Fahrrad in 15 bis 20 Minuten bequem erreichbar. Und wenn internationale Musikgrößen beim Jazz-Festival das Städtchen Ascona zu einer großen Bühne machen, klingt das eine oder andere Stück herüber. Dann ist beim entspannten Bad im eigenen Jacuzzi im Premium-Bungalow die Hintergrundmusik gleich inklusive.

42 HÖHENKURORT IN WILDER NATUR

CAMPING MORTERATSCH ★★★

▸ Plauns 13, 7504 Pontresina, Tel. +41 81/842 62 85, GPS: 46.46046667, 9.93681667

■ pincamp.de/gr4200

Eine Landschaft wie aus einem Prospekt für Alpentourismus: das wildromantische Morteratschtal

Wer in Morteratsch morgens den Reißverschluss zu seinem Zelt öffnet, durchs Camper-Fenster späht oder sich nach einem Schwitzgang im kleinen Saunahäuschen unter die Decke kuschelt, genießt stets einen atemberaubenden Ausblick. Imposant überragt das Berninamassiv das weite, sonnige Hochtal in Graubünden – und spiegelt sich im klaren Wasser des Sees. Die umwerfende Naturkulisse lässt sich auf dem idyllischen Platz im Bergsteigerdorf Pontresina bei zahlreichen Aktivitäten erleben, etwa auf dem knapp 3 km langen »Vita Parcours« mit Übungsstationen zwischen Pontresina und St. Moritz, bei Wanderungen oder Langlauftouren, zu denen man direkt vor der Tür starten kann.

Wildromantische Natur zwischen Fluss, Wald und Bergsee und eleganter Charme mit traditionsreichen Grandhotels und Engadiner Häusern zeichnen den historischen Höhenkurort im Engadin aus. Mittendrin breitet sich der Platz aus mit idyllischen Zeltplätzen im lichten Wald und feinen Besonderheiten wie einer Lounge im offenen Wohnwagen.

DIE RUHE VOR DEM WIND

Früh aufstehen lohnt sich: Bevor der Malojawind kommt, der die Engadiner Seen zu einem gefragten Windsurf-, Kite- und Kitefoil-Revier macht, ist Zeit für Stand-up-Paddling. Ganz glatt ist das Wasser am Morgen auf dem Silvaplanersee und im nahen Sils Maria liegen schon die SUP-Boards bereit. Vor der Bergkulisse zu paddeln und den ersten Sonnenstrahlen zu folgen, ist ein Traum. Später kommen all jene hinzu, die Wind in den Segeln brauchen. Und das Vergnügen auf dem See endet nicht, wenn der Winter beginnt: Sobald sich tragfähiges Eis gebildet hat, werden die Schlittschuhe angeschnallt.

▸ www.windsurfing-silvaplana.ch

43 GESCHMACKVOLLER MINIMALISMUS AUF DEM LANDE

CAMPING MUGLIN VAL MÜSTAIR ★★★½

▸ Via Muglin 223, 7537 Müstair, Tel. +41 81/858 59 90, GPS: 46.62409999, 10.44923333

■ pincamp.de/gr3950

Was tun mit dem schön gelegenen alten Bauernhof der Familie? Das fragten sich Ivan und Enrico Zangerle, deren Eltern schon vor vielen Jahren die Landwirtschaft aus dem Dorf hinaus in eine schöne Umgebung verlegt hatten. 2011 entschieden sich die Brüder dafür, aus dem Gelände einen Campingplatz zu gestalten. Sie schufen einen relaxten Ort, an dem sich Fremde wie Einheimische wohlfühlen.

Dass hier einmal ein landwirtschaftlicher Betrieb war, ist nicht zu übersehen, und wer Rätoromanisch versteht, kann an den Gebäudenamen ablesen, wie der Hof einst organisiert war. Das Bistro »La Remisa« mit seinem langen Tresen und Steinbock-Hörnern über der Bar war einst ein Unterstand für Landmaschinen. »Chamonnas« (Hütten) heißen die coolen Tiny Houses, die lokale Handwerker aus Fichtenholz errichteten. Und auch die Sauna auf dem Heustock erinnert an das alte Gehöft. Hier kann man sich nach dem Saunagang nicht nur in Liegen und Sesseln ausruhen: Unter dem hohen Gewölbe können sich Gäste auch ganz entspannt auf Heu und Stroh räkeln, wenn es dunkel ist sogar mit Blick auf den Sternenhimmel.

Auf dem Platz gibt es Strom, Wasser, freies WLAN und auf Wunsch einen regionalen Frühstückskorb dazu. Im Hofladen nebenan kann man nicht nur Bündnerfleisch, Käse und Bauernsalz kaufen. Hier dürfen Gäste Biogemüse, Kräuter und Salat auch direkt im Garten aussuchen und frisch ernten. Wer mag, legt die gekauften Leckereien am 300 m entfernten Grillplatz direkt auf den Rost.

PILATES IN DER MORGENSONNE

Am Anfang kostet es noch Überwindung, im Dunklen aus dem Bett zu schlüpfen und die Wanderschuhe zu schnüren. Doch Schritt für Schritt weicht die Müdigkeit und neugierige Vorfreude kommt auf. Ziel der montäglichen Touren von Manuela Zen ist die Dreisprachenspitze und der Aufstieg ist recht kurz. Schließlich geht es nicht in erster Linie ums Wandern, sondern um einen bewegten Einstieg in den Tag: Pilates in der aufgehenden Sonne ist ein Erlebnis, das lange nachwirkt. Abgerundet wird die Tour durch ein Frühstückspicknick mit spektakulärer Aussicht auf Ortler und Piz Umbrail. Los geht es je nach Sonnenaufgangszeit ab ca. 5 Uhr.

▸ www.vibrafit.net

So gestärkt ist man gut gerüstet für all die Aktivitäten im östlichsten Ort der Schweiz, den die Einheimischen nicht ohne Stolz als Eingangstor ihres Landes bezeichnen. Gleichzeitig beginnt hier auch der Schweizerische Nationalpark mit archaischer Natur und jahrhundertealter Kultur, die in Klöstern und den kunstvollen Fassadenverzierungen sichtbar ist.

Tour nach **Tschierv** mit einer Erfrischung im kleinen, beheizten Freibad ohne Aufsicht und Eintritt
▸ 12 km/30 Min.

Beim **Lama-Trekking** (www.puntetta.ch) die Umgebung auf die sanfte Tour erkunden
▸ 2 bis 5 Std.

Auf der ersten Etappe des **Jakobswegs Graubünden** von Lü nach S'charl
16,5 km/5 Std.

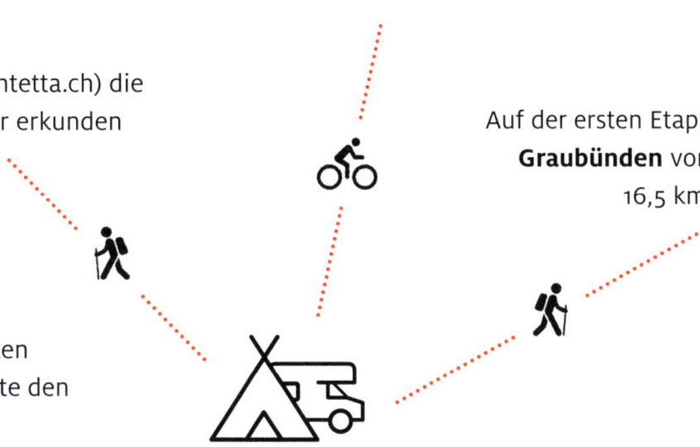

◂ Blühende Wiesen umgeben den alten landwirtschaftlichen Betrieb, der heute den Campingplatz beherbergt.

Österreich

Die erhabenen Landschaften der österreichischen Alpenregion laden ein zur naturnahen Erholung.

Mit den Zielen ...

44 VORARLBERG MIT STIL

ALPENCAMPING NENZING ★★★★★

▸ Garfrenga 1, 6710 Nenzing, Tel. +43 55 25/624 91, GPS: 47.18256667, 9.68223333

■ pincamp.de/vb0390

Die Luft ist klar, der Blick unglaublich. Wie eine Bühne spannen sich Wiesen, Wald und Berge auf. Und egal wo man sich befindet: Die Aussicht ist grandios. Wer sich auch nur ansatzweise an malerischen Berglandschaften erfreuen kann, wird hier glücklich werden. Aber auch Camper mit einem Faible für außergewöhnliche Architektur kommen auf ihre Kosten – und alle, die Wellness noch mehr genießen, wenn auch das Ambiente für ein gutes Gefühl sorgt.

Bereits vor mehr als 40 Jahren begann Familie Morik damit, rund um einen ruhig gelegenen Vorarlberger Bauernhof einen Campingplatz aufzubauen. Mit viel Herzblut und Geschmack haben sie ihre eigenen Konzepte entwickelt und dabei architektonisch unkonventionell gedacht. So schufen sie nur zehn Fahrminuten von Bludenz entfernt, aber ganz weit weg von der Hektik des Alltags einen einzigartigen Ort der Erholung, der Campingherzen höherschlagen lässt.

Wie in einer Arena sind die Stellplätze am terrassierten Hang angeordnet. Dass die landschaftlichen Gegebenheiten hier keine großen Freiflächen erlauben, machen der Ausblick und das Ambiente wieder wett. Chalets und Lodges scheinen aus den Hängen zu wachsen und schweben auf Stahlträgern. Drinnen duftet es nach Holz, und jeder Blick aus dem Fenster schweift ins Grüne oder auf die Berge, die manchmal noch bis weit ins Frühjahr weiße Schneespitzen tragen. Schon etliche Preise hat Familie Morik für ihre markant gestalteten Unterkünfte einheimsen können, die mit Holz aus dem Naturpark Nenzinger Himmel gefertigt sind. Unter anderem gab es 2020 den Hauptpreis bei den »Vorarlberger Tourismus-Innovationen« sowie 2021 den Siegertitel bei den German Design Awards in der Kategorie »Excellent Architecture – Eco Design«. Als Nächstes soll das Sanitärgebäude unter die Erde wandern, damit überirdisch neuer Platz zum Grillen und Relaxen entsteht.

Die Anlage bietet verschiedene Pools – überdacht und im Freien –, einen Naturbadeteich, mehrere Saunen und einen Panorama-Wellnessbereich für entspannende Massagen. Hinzu kommen jede Menge gemütliche Wohlfühlorte von der Restaurantterrasse an lauen Sommerabenden bis zum kuscheligen Sessel am knisternden Kaminfeuer im Winter, wenn draußen alles dicke Schneehauben trägt.

In dem perfekt inszenierten alpinen Ambiente wird sich vielleicht manch einer fragen, woher die Terrakottasoldaten stammen, die am Pool Spalier stehen und den Saunierenden Gesellschaft leisten. Das Geheimnis ist schnell aufgeklärt: Sie dienten 2016 als Requisiten für »Turandot« auf der Bregenzer Seebühne im Bodensee. Nur eine halbe Stunde ist es vom Platz bis dorthin. Noch schneller sind Campinggäste im Städtchen Bludenz mit seiner einladenden Altstadt oder in den umliegenden Tälern, in die Hausherr Josef Morik im Winter mit seinen Gästen zu Skitouren aufbricht. Im Sommer geht es mit Wanderführer Wilfried in die Berge, unter anderem in den Nenzinger Himmel.

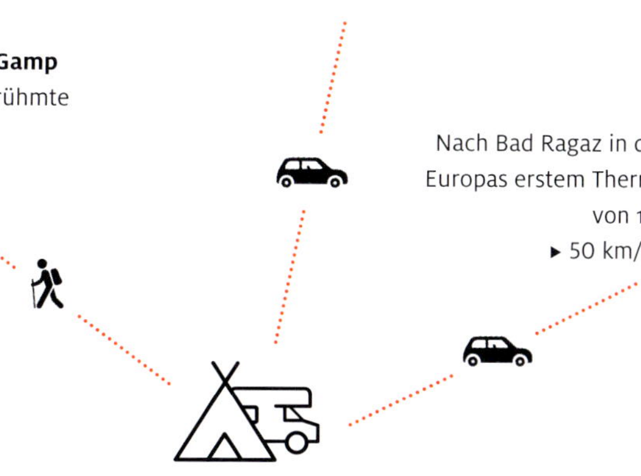

◂ Der schicke Außenpool ist nur einer von vielen gut durchdachten Wohlfühlorten in Nenzing.

45 SANFT ZUR RUHE KOMMEN AN DER ZUGSPITZE

ZUGSPITZ RESORT ★★★★★

▸ Obermoos 1, 6632 Ehrwald, Tel. +43 56 73/23 09, GPS: 47.42695, 10.94098333

■ pincamp.de/nt0870

In ein duftendes Wildrosen-Salzbad eintauchen, bei einer wärmenden Zirbenlocken-Packung tief entspannen oder sich Zeit zu zweit mit Bädern und Massagen gönnen – im Zugspitz Resort ist all das nur ein paar Schritte vom Stellplatz entfernt. Seit Familie Dengg in den 1970er-Jahren in bester Lage neben der Zugspitzbahn und mit der Zugspitzarena in der Nähe einen Campingplatz mit Apartmenthaus errichtete, hat sich viel getan. Heute ist hier nichts mehr improvisiert. Aus Camping wurde Glamping und die Anlage zu einem Resort mit viel Geschmack und hohem Anspruch. Geblieben ist aber der außergewöhnlich schöne Ort zwischen Wald und Bergen in einer Region, die neben einem vielfältigen Angebot für Bewegungshungrige auch jede Menge Kultur bietet – und Ruhe, die gestressten Urlauberseelen Gelegenheit bietet, sich auf den eigenen Körper zu besinnen und Kraft zu tanken. Dabei hilft z. B. ein

Das Resort ist ideal gelegen für Ausflüge und Aktivitäten: Die Zugspitzbahn gleitet gleich nebenan in die Höhe.

sanftes Bewegungsprogramm, das mit Yoga, Tiefenentspannung und Meditation ruhige Seiten anschlägt, frei nach dem Motto: »Um fit zu bleiben, muss nicht immer der Schweiß fließen.« Doch auch für körperlich intensiveren Sport bieten sich viele Gelegenheiten. Und danach kann man sich in aller Ruhe ein Bad im Naturbadesee gönnen oder auf der Terrasse den grandiosen Blick genießen, abends bei einem Glas Wein mit einem knisternden Feuer.

Übrigens: Was je nach Perspektive von außen etwas schroff anmutet, versteckt hinter nüchternem Stein ein modernes und doch gemütliches Badehaus, das mit viel Holz gestaltet ist. Hier wird schnell klar: Camping am Tiroler Fuß der Zugspitze ist alles andere als spartanisch. Moderner alpiner Lifestyle ohne Schnörkel macht Gemeinschaftsräume wie private Bäder zu angenehmen Aufenthaltsorten. Dazu gibt es eine gut ausgestattete Küche und großzügige Räume für Räder und Skizubehör.

ZUGSPITZE IN FLAMMEN

Bis zu 200 m hoch sind die von der UNESCO zum Kulturerbe erhobenen Feuerbilder, die zur Sommersonnenwende an den Berghängen im Schatten der Zugspitze entzündet werden. Im Zusammenspiel von etwa 10 000 Feuerstellen an Zugspitze, Grubigstein, Sonnenspitze und Marienberg entstehen Formen, die Blumen, Köpfe und Symbole darstellen. Dafür wird an jedem der Feuerpunkte am Berg ein 700 kg schwerer Sack mit Rapsöl oder Sägemehl im Felsen verankert und ab 22 Uhr entzündet. Im nahezu komplett geschlossenen Tal entsteht so ein spektakuläres 360-Grad-Panorama.

▸ www.bergfeuer.at

Glamping-Zelte mit weißen Mützen: Auch im Winter ist der Gerhardhof ein beliebtes Wohlfühlziel.

46 SONNENGRUSS IM LÄRCHENWALD

GERHARDHOF SONNENPLATEAU CAMPING ★★★★★

▸ Gerhardhof 1, 6413 Wildermieming, Tel. +43 52 64/52 40, GPS: 47.3141565, 11.0366023

■ pincamp.de/nt2850

Wenn auf der Yoga-Plattform im Gerhardhof-Wald der neue Tag mit dem Morgengruß zelebriert wird, steht einem erholsamen Urlaubstag nichts mehr im Wege. Dabei ist die morgendliche Dehnübung nur eine von vielen Möglichkeiten, den Alltag ganz schnell hinter sich zu lassen. Die Auswahl an Aktivitäten ist vielfältig: Gäste können sich im Bogenschießen probieren, Ausritte durch Wiesen und Wälder unternehmen, im Sommer morgens durch den Badeteich zum Frühstück schwimmen oder im Winter auf Schneeschuhen die Winterwunderwelt erkunden, die auf dem sonnigen Hochplateau über dem Inntal seit einigen Jahren wieder ganz sanft genossen werden kann – garantiert ohne Pistentrubel und Après-Ski.

Überragt vom Hausberg Hohe Munde und von der Mieminger Kette vor den kalten Winden aus dem Norden geschützt, sind die Sommer hier lang, mild und sonnig. Immer, wenn das Wetter es zulässt, werden direkt hinter dem Schwimmteich Glamping-Zelte aufgestellt, in denen eine Camping-Übernachtung garantiert nichts Spartanisches an sich hat. Zudem laden Baumhäuser zum luftigen Übernachten ein. Aber natürlich gibt es auf dem weitläufigen Gelände auch klassische Stellplätze und Zeltwiesen. Besitzer Josef Volgger und seine Partner setzen auf dem Gerhardhof ganz einfach ihre Vision von einem modernen Campingplatz um. Dazu zählt auch ein klassisches Ausflugslokal, das bereits in vierter Generation geführt wird.

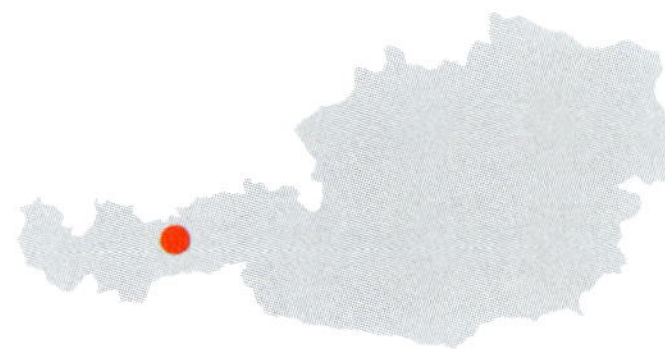

47 NATURERLEBNISSE ZU JEDER JAHRESZEIT

FERIENPARADIES NATTERER SEE ★★★★★

▸ Natterer See 1, 6161 Natters, Tel. +43 512/54 67 32, GPS: 47.238219, 11.339025

■ pincamp.de/nt3750

Kitschig-schön wie auf einer Postkarte – dass es das wirklich gibt, davon kann man sich am Natterer See überzeugen, wenn morgens der Nebel aus dem See steigt. Wie aus dem Bilderbuch zeigt sich die Naturkulisse im Frühling, wenn noch Schnee auf den Gipfeln liegt, während am Ufer schon Kirschen und Magnolien blühen. Auch wenn das Herbstlaub alles in goldene Farben taucht oder der Winter die Landschaft unter eine glitzernd weiße Decke legt, fühlt man sich wie in ein Urlaubsprospekt versetzt.

Als Maria und Josef Giner vor 90 Jahren ihre ersten Gäste am Natterer See bewirteten, legten sie den Grundstein für einen besonderen Ferienort ganz nah an der Tiroler Landeshauptstadt Innsbruck und doch weit weg von Trubel und Hektik. Heute führt Enkel Georg den mehrfach erweiterten Betrieb, den

Auszeit für Familien im Grünen: Am Natterer See kommen nicht nur Erwachsene wohlverdient zur Ruhe.

nicht zuletzt seine ganz besonderen Unterkünfte so reizvoll machen: Stellplätze liegen direkt am Ufer des auf 830 m Höhe gelegenen Badesees, der dank seines Moorwassers im Sommer angenehme 22 °C Durchschnittstemperatur bietet. Gemütliche Schlaffässer gruppieren sich um einen Pavillon mit Feuerstelle. Doch vor allem das »Nature Resort« ist ein echter Hingucker mit rustikalen Wood Lodges, Tiny Houses, Schlafplätzen mit Blick in die Bäume und Safari-Zelten am Rand einer Blumenwiese. Wer hier auf der Terrasse sitzt und in die Berge schaut, sollte eigentlich keine Wünsche mehr offen haben. Wer sich aber obendrein noch sportlich betätigen möchte, kann sich im Bogen- oder Armbrustschießen versuchen. Direkt am Platz beginnen Wanderwege, Radtouren und im Winter eine abwechslungsreiche Langlaufloipe. Im vielfach preisgekrönten Multifunktionsgebäude wird alles geboten, was den Campingurlaub komplett macht.

WEIHNACHTSZAUBER IN INNSBRUCK

In den Wochen vor Weihnachten erstrahlt Tirols Hauptstadt in besonderem Glanz. Ab 15. November bekommt das berühmte Goldene Dachl einen imposanten Christbaum zur Seite gestellt, der den Christkindlmarkt in der Altstadt überragt. Nicht von ungefähr gilt dieser als einer der schönsten im Alpenraum: Es duftet nach Glühwein und »Kiachln«, frischem Schmalzgebäck. So gestärkt lässt es sich wunderbar bummeln. Insgesamt versüßen sieben Christkindlmärkte in der Stadt und der stimmungsvolle Lichterpark im Hofgarten die Vorweihnachtszeit.

▸ www.christkindlmarkt.cc

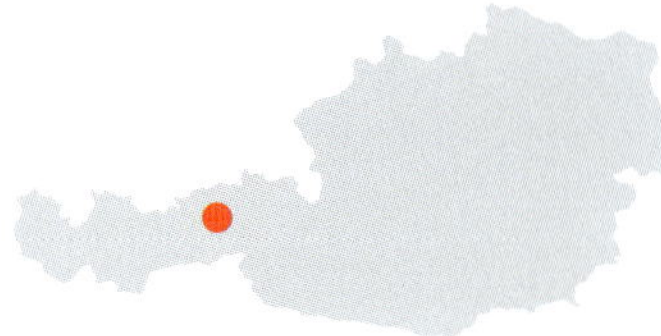

48 GENIESSEN MIT GUTEM GEWISSEN

NATÜRLICH HELL ★★★★★

▸ Gageringerstr. 1, 6263 Fügen, Tel. +43 52 88/622 03, GPS: 47.3593, 11.85158333

■ pincamp.de/nt5000

Die Berge hat man hier immer vor Augen, so auch im lichtdurchfluteten Gymnastikraum, wo allenfalls die knallroten Bälle von den Obstbäumen und Bergwiesen unter schroffen Spitzen ablenken, wenn man in der Morgensonne mit dem persönlichen Übungsprogramm den Tag begrüßt. Auch im Spa-Ruheraum drängen sich die Felskanten ins Blickfeld, wenn man in kuschelige Bademäntel gehüllt im tiefen Fenster sitzt, am Tee nippt und die Gedanken schweifen lässt. Auf den Stellplätzen, in den Gartenlodges und im stilvollen Gartenapartment mit Privatgarten ist der alpine Ausblick sowieso inklusive, ebenso wie auf der Terrasse des Restaurants, in dem man sich alle Gerichte auch zum Mitnehmen bestellen kann.

Besondere Tage sollte man hier übrigens mit dem Frühstück »Seelenfood auf Tirolerisch« beginnen. »Genuss statt Überfluss« lautet dabei das Motto, was nicht bedeutet, dass man nicht satt werden würde. Vielmehr ist es die Auswahl von selbst gemachten Marmeladen und Eiern vom Biobauernhof über Käse aus der örtlichen Sennerei bis zum Brotretter-Müsli und Schinken vom Metzger nebenan.

Und was sich im Frühstück bereits angedeutet hat, ist auf der Anlage überall zu finden: Die Aufmerksamkeit, mit der hier Camping gelebt wird, ist beeindruckend. Und es fällt gleich auf, wie cool umweltfreundliches Wirtschaften sein kann. »Die ökologische Schiene ist uns sehr wichtig«, sagen Karin und Alois Hell, die vor 25 Jahren den elterlichen Campingplatz am Eingang des Zillertals übernahmen. Hier gibt es keine in Plastik verpackten Joghurts oder Marmeladen in den individuell zusammengestellten Frühstücksboxen, die man sich vor die Tür liefern lassen kann, kein beheiztes Freibad im Winter. Dafür sind die Dächer begrünt mit Bienenweide, Ausflugstipps gibt's aufs Handy und Gebirgsquellwasser aus dem Hahn – auf Wunsch auch prickelnd in mitgebrachte Flaschen abgefüllt.

Im minimalistisch gestalteten »bademanteltauglichen Haus« mit skandinavischem Design ist alles Wichtige unter einem Dach untergebracht, damit man an Schlechtwetter- oder Wintertagen keine langen Wege zurücklegen muss: Private Bäder, Hallenbad, Sauna, der neu ausgebaute Sanitärbereich sowie Indoorspielräume, Fitnessstudio und Appartements – all das findet sich hier.

Die Umgebung ist bestens geeignet für Wanderungen im Sommer und zum Skifahren im Winter, wenn der kostenlose Skibus direkt vor der Tür hält und Sportler in wenigen Minuten nach Hochzillertal-Kaltenbach bringt. Dort warten 90 Pistenkilometer, ein Winterklettersteig und ein großer Fun-Park. Alternativ bietet sich das gemütlichere Familiengebiet Spieljoch an, das im Sommer ein Wanderareal ist.

Abgesehen von einer kurzen Pause über die Weihnachtstage ist der familiäre Campingplatz mit Hotelkomfort ganzjährig geöffnet. Besonders schön zeigt sich die Landschaft jedoch im Frühling, wenn die Bäume blühen und dahinter verschneite Bergspitzen glitzern.

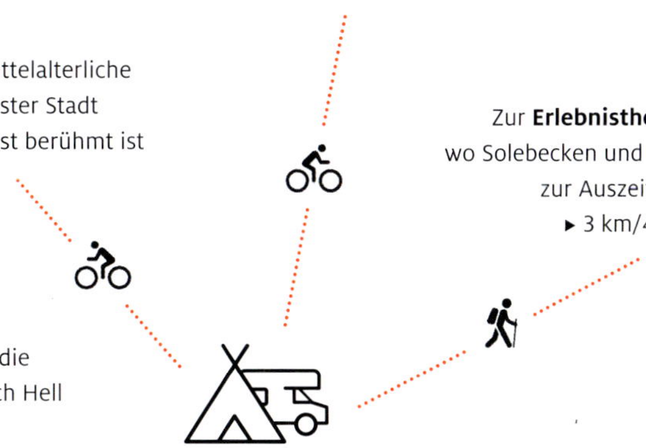

◂ Für Überfluss sorgt hier ganz allein die Natur: Auf dem Campingplatz Natürlich Hell wird Urlaub bewusst gelebt.

49 MITTEN IM HERZEN DES ÖTZTALS

CAMPING ÖTZTAL LÄNGENFELD ★★★★½

▸ Unterlängenfeld 220, 6444 Längenfeld, Tel. +43 52 53/53 48, GPS: 47.07228333, 10.96398333

■ pincamp.de/nt2330

Wer die Berge Tirols noch nicht kennt, kommt hier ganz sicher auf den Geschmack. Auf dem Campingplatz Ötztal Längenfeld ist man mittendrin in der Tiroler Bergwelt, umgeben von 250 mächtigen Dreitausendern mit (noch) ewigem Eis. Auf 1180 m Höhe, grün, ruhig und mit herrlichem Panoramablick liegt der weitläufige Platz im Herzen des Ötztals.

Ötztal – das heißt im Winter Skifahren. Und dafür ist man in Längenfeld genau richtig. Alle zehn Minuten bringt der Skibus die Gäste – der Platz ist absolut winterfest – in nur wenigen Minuten zu den Bergbahnen in Sölden. Langläufer, ob klassisch oder Skating, steigen direkt am Campingplatz in das umfangreiche Loipennetz ein. Sportliche Alternativen? Der Eislaufplatz mit Eisstockbahn ist fußläufig zu erreichen. Tolle Naturrodelbahnen in Längenfeld und der Umgebung sowie romantische Schneeschuhwanderwege runden das winterliche Angebot ab.

Doch gerade im Winter tut dem Körper nach einem Tag an der frischen Luft eine Portion Wellness ausgesprochen gut. Wem das kleine Programm ausreicht, der erholt sich in der platzeigenen Sauna oder der Infrarotwärmekabine. Ein Gefühl von Wellness vermittelt aber auch das neue Sanitärhaus »Bergquell«: Camper können hier elf kombinierte Luxus-Waschkabinen mit Regenduschen nutzen. Das im modernen alpinen Stil erbaute Badehaus mit Licht durchfluteten Räumen mit Fußbodenheizung bietet auch einen gemütlichen Aufenthaltsraum mit Bibliothek sowie Familienkabinen und eigene Waschräume für Kinder.

Wer ein größeres Wellnessabenteuer sucht, der macht einen kurzen Spaziergang (250 m) hinüber zum Aqua Dome der Tirol Therme Längenfeld. Diese ist auch im Sommer geöffnet, aber dann wartet auch eine Freiluftalternative: Camper freuen sich über den freien Eintritt im Längenfelder Freischwimmbad. Außerdem können sie kostenlos an 20 geführten Wanderungen, an Vorträgen und Veranstaltungen teilnehmen.

Da die Platzbetreiber Franz und Inge Auer selber Eltern von fünf Kindern sind, haben sie besonders auch an den Campingnachwuchs gedacht. Ein ganzes Arsenal von Freizeitmöglichkeiten, darunter Outdoor-Kinderspielplätze, zwei Beachvolleyball-Felder, Fußballplatz, Street-Soccer-Anlage, Indoor-Spielparadies und Krabbelstube, sorgen dafür, dass es nicht langweilig wird, während die Eltern ihr Wohlfühlprogramm genießen. Drei Tennisplätze befinden sich im nahe gelegenen Sportzentrum. In jedem Fall lohnt es sich, die Mountainbikes mitzunehmen (kostenloser Fahrradabstellraum). Das Ötztal gilt zu Recht als Biker-Paradies – spätestens seit Eröffnung der »Bike Republic Sölden« ist das kein Geheimnis mehr. Dabei ist Mountainbiken nur eine Möglichkeit von vielen für Radbegeisterte. Auch bequemere Touren mit dem E-Bike werden immer beliebter.

Apropos bequem: Wer ohne eigenen Camper unterwegs ist, aber die besondere Atmosphäre eines Urlaubs auf dem Campingplatz schätzt und die vielfältigen Angebote nutzen möchte, der kann sich im Camping Ötztal entweder vor Ort einen Caravan mieten oder sich in einer der gemütlichen Alpin-Lodges einquartieren.

◂ Kleine und große Wellness-Highligts warten auf dem liebevoll gestalteten Campingplatz im Herzen des Ötztals.

SCHWERELOS IM SOLEBAD

Der Campingplatz Ötztal ist Partnerbetrieb der einzigen Therme Westösterreichs und bietet diverse Vergünstigungen und eigene Thermal-Packages an. Die Tirol Therme Längenfeld mit dem Aqua Dome beeindruckt schon mit ihrer Architektur, die eindrucksvoll mit der umgebenden Berglandschaft harmoniert. Auf über 50 000 m² Fläche mit verschiedenen Außen- und Innenbecken, Aktivbecken, Kinderbereich, Saunawelt, Beauty-Bereich und einem exklusiven Spa bleibt kaum ein Wellnesswunsch unerfüllt. Schwerelos in der Soleschale schweben und dabei auf imposante Dreitausender blicken ist ein ganz besonderes Erlebnis.

▸ www.aqua-dome.at

50 AKTIV-CAMPING IN ZENTRALER ALPENLAGE

CAMPING DREILÄNDERECK

▸ Gartenland 37, 6531 Ried, Tel. +43 54 72/60 25, GPS: 47.05643333, 10.6568

■ pincamp.de/nt1850

Der einladende Rieder See liegt praktisch vor der Tür, nur 300 m ist der Campingplatz Dreiländereck entfernt von dem Gewässer, das ideal ist zum Baden im Sommer und zum Eislaufen im Winter. Es ist also durchaus sinnvoll, dass die Anlage rund ums Jahr geöffnet ist. Überhaupt ist der kleine, feine Platz (70 Standplätze) mit seiner familiären Atmosphäre ein besonderes Fleckchen Camping-Erde. Am Schnittpunkt von Österreich, Italien und der Schweiz urlaubt man hier mitten im Dreiländereck, außerdem im idyllischen Feriendorf Ried und damit in der touristisch interessanten Region Tiroler Oberland. Infrastruktur? Für die ist hier traditionsgemäß gesorgt. Man erreicht nicht nur die wichtigsten Adressen im Ort wie Bäcker, Supermarkt, Cafés und Restaurants in wenigen Minuten zu Fuß. Auch was das Freizeitangebot angeht, ist die Region bestens aufgestellt: Klar, zum Baden und Schlittschuhlaufen sind die Bedingungen ideal. Aber es ist noch so viel mehr möglich in Ried. Zum Skifahren, Biken und Wandern geht es ins beliebte Feriengebiet Serfaus-Fiss-Ladis. Gemütlichere Spaziergänge beginnen gleich vor der Campertür. Der Platz befindet sich auf einer Höhe von 880 m, umgeben von den mächtigen Tiroler Bergen, die alles überragen, bietet er genügend Möglichkeiten für kleine Naturtouren im nahen Umkreis.

Freizeit bedeutet auf dem Campingplatz Dreiländereck: vielfältige Outdoor-Aktivitäten zu jeder Jahreszeit. Der Platz ist eine qualitätsgeprüfte Rad- und Bike-Unterkunft mit Verleih, Einstellraum und Bike-Waschstation. Der nahe gelegene Bike Park Serfaus-Fiss-Ladis mit Fahrrad-Trails für jeden Geschmack und jedes Können sollte unbedingt auf der To-do-Liste von Radtouristen stehen. Und wer noch mehr sportliche Betätigung haben will: Auch Canoying und Rafting-Möglichkeiten bietet das Tiroler Oberland zur Genüge.

In der kalten Jahreszeit ist der 1967 eröffnete Campingplatz – es gibt auch feste Apartments und Blockhütten – ein idealer Standort für Wintersport-Camper. Die Kabinenbahn auf den Fendels startet ganz in der Nähe. Auf dem Hausberg warten 16 km bestens präparierte Pisten und eine 5 km lan-

Im Dreiländereck warten ideale Voraussetzungen für Aktiv- und Wellnessurlaub mit der ganzen Familie.

ge Rodelbahn. Highlight in der Wintersaison des Campingplatzes ist natürlich das hochalpine, bis weit ins Frühjahr schneesichere Skigebiet von Serfaus. Insgesamt glänzt das Tiroler Oberland mit über 90 Liftanlagen und 340 km Abfahrten – da ist für jeden Skibegeisterten etwas Passendes dabei, Hüttengaudi inklusive.

Spätestens nach dem Après-Ski braucht der Körper aber eine wohlverdiente Erholung und dafür wird direkt auf dem Campinggelände gesorgt. Ein Wellnessbereich (kostenpflichtig, im Winter täglich, im Sommer auf Anfrage geöffnet) macht müde Skifahrerwaden wieder geschmeidig und erschöpfte Wanderer wieder munter. Dazu gehört auch eine klassische, 85 °C heiße finnische Sauna und ein Dampfbad mit Lichttherapie für angenehmes Schwitzen. Für die Kübeldusche und den Kälteraum muss man etwas Mut aufbringen, aber es lohnt sich: Das Körpergefühl danach ist einfach großartig. Auch das Kneippen – heiß-kalte Fußbäder – ist ein Genuss, wenn man sich erst einmal überwunden hat. Da die sportlichen Aktivitäten in den Bergen für den ganzen Körper herausfordernd sind, sorgen Massageduschen für eine willkommene Wohltat. Wellness- und Beauty-Behandlungen organisiert das engagierte Camping-Team im fußläufig erreichbaren »Linde Schönheitslandl«.

Und was ist mit dem Spaß für die Kids, während die Erwachsenen die müden Knochen im Wellnessbereich pflegen lassen? Für sie gibt es ein Indoor-Spielezimmer, ausgestattet mit einer Kleinkinderecke, Tischfußball, einer Kletter- und Sprossenwand mit weicher Matte und vielem mehr. Eine Idee, die man sich auch anderswo wünscht, setzt noch eins drauf: Im Sommer wird vom Tourismusverband Tiroler Oberland ein Kinder- und Jugendprogramm mit einem Mix aus Animation, Abenteuer, Erlebnis, Spaß, Spiel, Kreativität, Natur und Kultur angeboten. Denn für Familiencamper gilt vor allem eines: Wenn die Kleinsten zufrieden sind, fühlen sich die Eltern wohl.

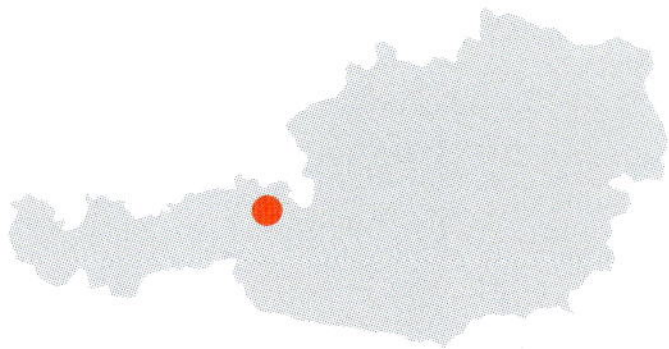

51 ZWISCHEN NATURSCHÖN-HEITEN UND ENERGIEBRUNNEN

TIROL-CAMP ★★★★½

▸ Lindau 20, 6391 Fieberbrunn, Tel. +43 53 54/566 66, GPS: 47.46898333, 12.55408333

■ pincamp.de/nt6630

Es duftet nach Zirbenholz, ein Bächlein plätschert. In einer Ecke steht eine rustikale Almhütte mit Steinbrunnen neben der Tür, in einer anderen erinnert das Symbol von Schlägel und Eisen an den Bergbau in der Region. Der weitläufige Wellnessbereich des Tirol-Camps holt seine Umgebung ins Innere. Auf mehr als 1000 m² können Gäste im »Energiebrunnen« abtauchen, schwimmen und saunieren. Beim Wellness für zwei im exklusiven Spa mit Sauna, Whirlpool, Wasserbett und wahlweise Massage-Anwendungen kann man sich entspannte Stunden gönnen. Gerade nach langen Wanderungen oder einem Tag auf der Piste ist es ein Genuss, die müden Muskeln zu lockern – oder einfach das Nichtstun und die Berge vom Pool aus zu genießen.

Fieberbrunn liegt inmitten der Kitzbüheler Alpen. Wintersportbegeisterte denken dabei sofort an Skifahren, das nicht nur im 20 km entfernten Kitzbühel möglich ist. Auch direkt am Tirol-Camp können die Gäste ihre Bretter anschnallen. Im »Skicircus Saalbach Hinterglemm Leogang Fieberbrunn« finden sie nicht nur ein großes, sondern auch sehr attraktives Gebiet mit 270 Pistenkilometern. Auch Langlauf-Loipen beginnen am Platz.

Mindestens ebenso reizvoll wie die Sportmöglichkeiten im Winter ist die Tiroler Bilderbuchlandschaft im Sommer mit ihren Dörfern, Almwiesen und romantischen Tälern. In der frischen Bergluft atmet man auch an heißen Sommertagen tief durch und die Sommerbahnen bringen einen bequem in höhere Lagen, wo ein weitläufiges Wanderwegenetz wartet. Am Wildseeloder, dem Fieberbrunner Hausberg, lockt im Juni die Almrosenblüte und auch die Herbstsonne kann man hier noch wunderbar genießen. Die idyllischen Badeseen der Umgebung laden zum erfrischenden Bad ein, so auch der etwa 20 Minuten Fußmarsch entfernte, moorhaltige Lauchsee. Und dann ist da natürlich noch der kleine Schwimmteich direkt auf dem Platz – die perfekte Ergänzung zum Wellnessprogramm im »Energiebrunnen«.

EIN BERGSEGEN

Ob zum Inhalieren bei Schnupfen, als Balsam gegen Gelenkschmerzen oder vitalisierendes Massage-Öl: Latschenkiefer ist in den Bergregionen ein bewährtes Hausmittel. Die Tiroler sprechen vom »Bergsegen«. Am 10 km entfernten Pillersee begann Josef Mack vor mehr als 150 Jahren hochwertiges ätherisches Öl herzustellen. Der Betrieb, der auch Edeltannen und Arnika verarbeitet, gilt als weltweit älteste Latschenöl-Brennerei und zeigt im Rahmen von Führungen, wie aus 400 kg Zweigen ein Liter ätherisches Öl gewonnen wird.

▸ www.macknatur.at

Auf einer entschleunigten morgendlichen Bergwanderung mit Lama-Begleitung zum **Almausschank Pletzer** (www.abenteuer-lama.at)
▸ 7 km/3 Std. 30 Min.

Auf der landschaftlich reizvollen **Dandler-Loipe** über offene Wiesen und vorbei an schönen Bauernhöfen
▸ 10 km/45 Min.

Leichte **Drei-Länder-Tour** über die Steinplatte Waidring in Tirol, das Heutal in Salzburg und die Winklmoosalm in Bayern
▸ 37 km/4 Std.

◂ Das exklusive Spa auf dem Campingplatz Tirol-Camp ist der ideale Ort zur Regeneration nach alpinen Aktivitäten.

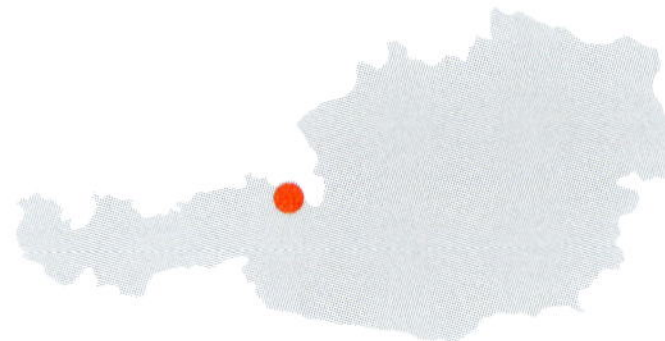

52 NATURCAMPING MIT KOMFORT

CAMPING GRUBHOF ★★★★½

▸ Grubhof Nr. 39, St. Martin bei Lofer, Tel. +43 65 88/82 37, GPS: 47.57431667, 12.70558333

■ pincamp.de/sa0100

Ist das wirklich noch Camping? Wenn man sich in der »Wellness Alm« an den warmen Stein lehnt und ins knisternde Feuer im Kamin blickt, kann man schon ins Zweifeln kommen. Doch als Maria und Robert Stainer 1997 den Campingplatz im Schlosspark des Grubhofs übernahmen, hatten sie genau solche Wohlfühlmomente im Sinn. Im Mittelpunkt ihrer Anlage sollten stets die Natur und der respektvolle Umgang damit stehen. So halten sie es bis heute und wurden schon mit vielen überzeugten Gästen und etlichen Auszeichnungen belohnt.

»Natur und Komfort stehen nicht im Widerspruch«, sagen die Stainers aus Überzeugung. Ihre Gäste genießen auf dem 12 Hektar großen Areal am Ufer der Saalach viel Platz – egal, ob auf der Zeltwiese, auf einem der XXL-Stellplätze oder gleich hinter dem Teich in einer der drei historischen Almhütten, die neben großen Bäumen auf der Wiese stehen.

WASSERSPIELE

Ein bisschen Kälte muss man aushalten können, und Steine unter den Fußsohlen sollten einen auch nicht stören. Dafür wird man beim wilden Baden mit erstklassiger Abkühlung belohnt, wenn die Sommerhitze drückt. Das Salzburger Saalachtal rühmt sich einer ganzen Reihe von Orten, an denen man diese besondere Erfrischung genießen kann. Einer davon befindet sich direkt am Grubhof mit Sandbuchten und Liegeplätzen. Andere muss man sich erst noch mit einer Wanderung verdienen, wie die Gumpen am Eingang zur Innersbachklamm oder den grün glitzernden Seehornsee. Wem das Ganzkörperbad dann doch zu frisch ist: Arme und Beine ins Wasser zu strecken und das Prickeln auf der Haut zu spüren, hat auch schon eine belebende Wirkung.

▸ www.lofer.com/de/aktiv-im-sommer

Der Campingplatz Grubhof am Ufer der Saalach erstreckt sich auf dem Gelände eines ehemaligen Schlossparks.

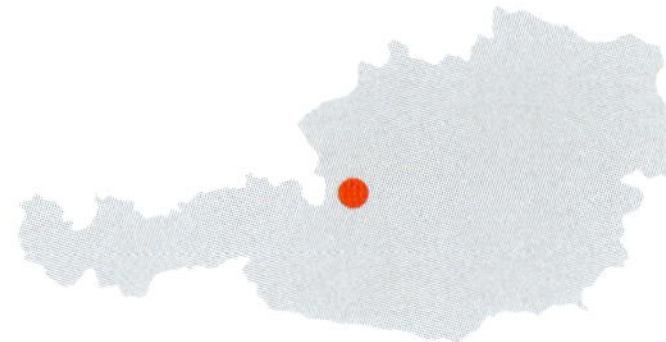

53 ENERGIE TANKEN VOR BERGPANORAMA

VITALCAMPING OBERWÖTZLHOF ★★★★

▸ Erlfeld 37, 5441 Abtenau, Tel. +43 62 43/26 98, GPS: 47.58596, 13.32488

■ pincamp.de/sa3250

Man sagt, der Ort, an dem die mächtige Esche auf dem Hof der Familie Reiter steht, sei besonders reich an Energie, die man erspüren kann, wenn man mit den Handflächen ihre Rinde berührt und innehält. Ein schönes Fleckchen zum Nachdenken und Ausruhen ist es auf jeden Fall. Und es ist nicht der einzige Ort zum Kraft tanken auf dem Oberwötzlhof, der am sonnigen Hang bei Abtenau im Lammertal liegt und seine Gäste schon allein aufgrund von Lage und Ausblick über Wiesen, Wälder und Berge zur Ruhe kommen lässt. Unweit der Esche stößt eine Quelle aus dem Erdreich, vor allem im goldenen Licht des Sonnenauf- und Sonnenuntergangs ein fast magischer Platz – egal, ob im glitzernden Schnee oder in der wärmeren Jahreszeit. Und es gibt noch einige andere Stellen auf dem Oberwötzlhof, die das Zeug zum Lieblingsplatz haben. Die gemütliche breite Panoramaliege ist nur eine davon. Auch der kleine Pool mitten im Grünen, in dem man bei jedem Zug den Blick auf die mächtigen Berge genießen kann, lädt zum Regenerieren ein.

Camping ist auf dem Oberwötzlhof in Abtenau im Salzburger Land das ganze Jahr über möglich. Der Ort ist nicht nur ideal für angenehme Sommerfrische an drückend heißen Tagen, er befindet sich auch in Bestlage für ausgedehnte Schneeschuhwanderungen und Skitouren, zum Skifahren und Lang-

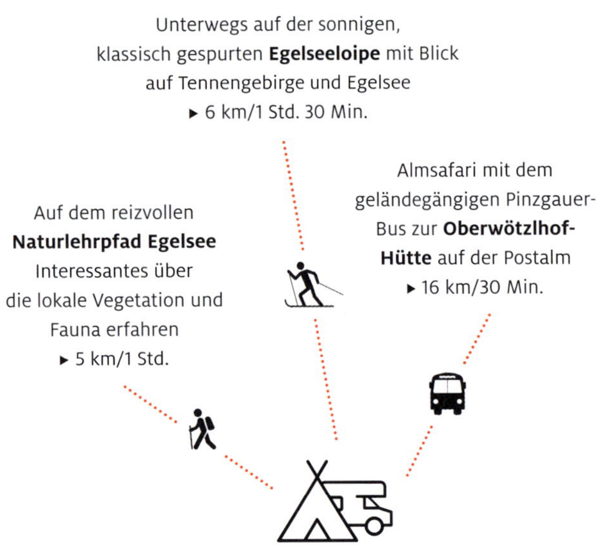

Einer der vielen Wohlfühlorte auf dem Vital-Campingplatz Oberwötzlhof: der kleine Pool vor fantastischer Bergkulisse

laufen. 200 Loipenkilometer ziehen sich durch die Bergwelt rund um das Abtenauer Becken. Außerdem wartet in nächster Nähe die gemütliche Postalm mit ihrem sonnenverwöhnten Winterpark und das Skigebiet Dachstein West, der Hausberg von Österreichs erfolgreichstem alpinen Skirennläufer Marcel Hirscher, der aus dem nahen Annaberg-Lungötz stammt. Das dortige Waldbad ist im Sommer unbedingt einen Ausflug wert. Insgesamt 300 km Wanderwege, 700 km Radwege und 20 Mountainbike-Routen sorgen für noch mehr Abwechslung im Sommer. Wer es etwas sportlicher haben möchte, besucht die Klettersteige der Region wie den am Donnerkogel mit seiner spektakulären 40 m langen Himmelsleiter. Gemütlicher, aber unbedingt sehenswert ist der in dichten Wald eingebettete Gosausee, den der »Hochgebirgsexpress« in den Sommermonaten in einstündiger Fahrt durchs Naturschutzgebiet ansteuert.

ABTENAUER JUNGBRUNNEN

Zufällig entdeckte Oberförster Hermann Ringel im Sommer 1863 eine Quelle mit salzig-herbem Wasser. Wie Untersuchungen ergaben, handelte es sich um eine Mineralquelle, die Natrium, Kalzium, Chlorid und Sulfat enthielt. Das gesunde Wasser wurde bereits 1871 im Hotel Zwieselbad für Trinkkuren und Badetherapien eingesetzt, bis es in den Wirren des Zweiten Weltkriegs in Vergessenheit geriet. Aktuell plätschert das Abtenauer Heilwasser lediglich im Brunnen vor dem Gemeindeamt. Bald sollen aber auch wieder Jungbrunnen-Anwendungen möglich sein. Bis dahin fördern erwiesenermaßen ausgedehnte Bergwanderungen an der frischen Luft die Gesundheit.

54 KLEINES, ABER FEINES CAMPINGGLÜCK

PARADIESCAMPING BIRKENSTRAND WOLFGANGSEE ★★★½

▸ Schwand 17a, 5342 Abersee, Tel. +43 66 49/40 48 79, GPS: 47.73901667, 13.40081667

■ pincamp.de/sa4240

Von der ersten Reihe sind es nur ein paar gemütliche Schritte bis zum See. Doch auch von weiter hinten hat man ihn meist gut im Blick. Und der Schafberg bietet die stets präsente, unverwechselbare alpine Kulisse: Der Hausberg von St. Wolfgang ist nicht zu übersehen beim Bad im glasklaren Wasser oder bei eine Paddeltour mit auf dem Platz geliehenen SUP-Board oder Kajak.

Wo sich das Ufer des Wolfgangsees auf dem Schwemmkegel des Zinkenbachs flach und weit ausbreitet, liegt der Birkenstrand. Bereits seit den 1950er-Jahren entwickelte sich hier allmählich ein Campingplatz, weil Urlauber beim Bartlbauern häufig fragten, ob sie hier ihr Zelt aufschlagen dürften. Landwirtschaft betreiben Elisabeth und Alois Weißenbacher noch immer – Honig und Hochprozentiges aus dem Hofladen gibt es an der Campingrezeption. Genauso gern sind sie und Tochter Sarah aber auch Gastgeber an dem Platz mit großer Liegewiese und kleinem Wellnessbereich, den Camper auch privat mieten können.

KAISERLICHES VERGNÜGEN

Riesenrutschen gab es zu Zeiten Elisabeths von Österreich noch nicht, doch den Blick auf die Berge liebte schon Kaiserin Sissi. Das Parkbad in Bad Ischl war während der Sommerfrische ihr privates Schwimmbad – direkt neben der Kaiservilla, deren Besuch sich allein wegen des weitläufigen Landschaftsparks lohnt. Angelegt wurde der Garten nach dem Prinzip »Sehen, aber nicht gesehen werden«. So hat man hier stets das Gefühl, allein zu sein. Die Kaiserzeit ist überall in der Kulturhauptstadt Europas 2024 präsent: in der Architektur, auf dem Teller (mit Spezialitäten wie Bad Ischler Törtchen) und im Kurbetrieb.

▸ www.kaiservilla.at

Der Birkenstrand am Wolfgangsee sorgt für Abkühlung an heißen Sommertagen – die alpine Kulisse für Ausblicke.

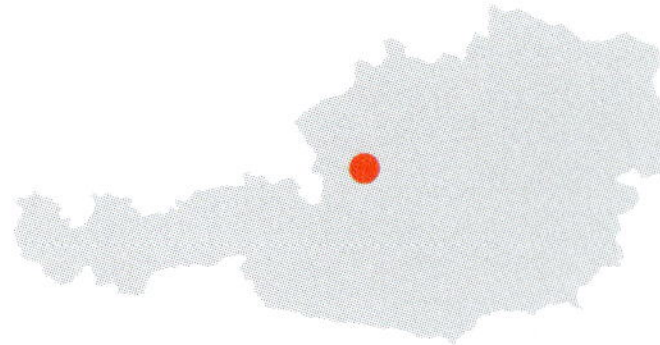

55 COOL MIT STIL AM WOLFGANGSEE

KOMFORTCAMPING BERAU ★★★★

▸ Schwarzenbach 16, 5360 St. Wolfgang im Salzkammergut, Tel. +43 61 38/25 43, GPS: 47.73046667, 13.47816667

■ pincamp.de/oö0550

Nach einem Saunagang im Spa auf dem Dach im Infinitypool oder direkt im See dem glitzernden Band der Sonnenstrahlen entgegen zu schwimmen, ist immer wieder schön. Doch es würde wohl auch allein die Lage des Platzes genügen, um sich hier rundum wohlzufühlen. Von Berau aus hat man den kompletten Wolfgangsee vor sich liegen und die Berge, die ihn säumen, stets im Blick. Eine schöne Wiese am See allein genügte Matthias Hinterberger allerdings nicht und laute Animation wollte er nicht. Stattdessen schuf er einen Ort, der für Urlauber und Einheimische gleichermaßen attraktiv ist, weil er einfach ruhig und angenehm wirkt. So entwickelte er den kleinen elterlichen Campingplatz mit Leidenschaft und Fingerspitzengefühl zu einem besonderen Ort: cool, stylish und familiär.

Im Urlaub ankommen beginnt hier gleich nach dem Abbiegen von der Hauptstraße beim Check-in. Das schindelgedeckte Rezeptionsgebäude mit Kaufladen und Pizzeria ist schon ein Statement mit modernem Flair: klare Formen, elegante Farben, dezente Anspielungen, aber kein Schnickschnack. Entsprechend entspannt ist die Atmosphäre auf dem ganzen Platz. Der See spielt die Hauptrolle. Wer Glück hat und einen Platz in erster Reihe ergattert, hat ihn schon beim Aufstehen im Blick. Alle anderen finden auf der Liegewiese einen Lieblingsplatz – oder gehen gleich aufs Wasser: Kajaks und SUPs gehören zum Inventar und eine Tour auf dem Wolfgangsee zählt zu den besonders angenehmen Möglichkeiten, die Gegend zu erkunden. Eines der Ausflugsziele ist die überdimensionale Laterne, die etwas unscheinbar am Ufer dümpelt. Ihre große Zeit hat sie im Advent, wenn sie mit rotem Friedenslicht und stimmungsvoll beleuchtet vor St. Wolfgang ankert, wo die Adventszeit unter anderem mit einem romantischen Markt gefeiert wird. Doch die Laterne ist nur eine Station von vielen rund um den See, der nicht von ungefähr einer der beliebtesten im Salzkammergut ist. Berau ist für eine Erkundung des Gewässers ein idealer Ausgangspunkt – vor allem weil hier anschließend ein Gang in die heimelige mobile Sauna zum Aufwärmen lockt.

◂ Erholsame Auszeit am Wolfgangsee: Nach den Aktivitäten in der Umgebung sorgt der Campingplatz für Urlaubsflair.

GSCHMÅ-PLATZL

Gemütlich, sympathisch, lässig – im Salzkammergut sagt man dazu »gschmå«. Und dieses Wort umschreibt die Aussichtspunkte und Picknick-Plätze ziemlich gut, die vor einigen Jahren rund um den Wolfgangsee eingerichtet wurden. An besonders schönen Stellen warten seither außergewöhnliche Sitz- und Liegegelegenheiten aus Holz, die nicht nur zu einer entspannten Rast einladen. Diese »Gschmå-Platzl« erzählen immer auch etwas über den Ort, an dem sie stehen. Da gibt es z. B. Seerosenblätter gleich hinter dem Bürglstein, die an die Bedeutung des Wassers als Lebenselixier erinnern. Die Fischliegen im Strobler Wassbad deuten auf den geschützten Perlfisch hin, das »Traunerl« an die typischen Plätten-Boote im Salzkammergut.

Rasch ist man auch im 12 km entfernten Bad Ischl, das schon seit Kaiserzeiten renommierter Kurort ist. Salz, Sole und Schwefel bilden bis heute die Grundlage für Therapien in mehreren Bädern am Ort, der einst als Sommerfrische von Kaiserin Sissi berühmt wurde. Allein die prachtvollen Bauten in der Kulturhauptstadt Europas 2024 halten die Erinnerung an die alte Zeit lebendig. Highlight ist die Kaiservilla im weitläufigen Park. Im Sommer ein Geheimtipp ist Yoga im Kaiserpark (www.yogaccino.at). Und die weitläufigen Wälder zwischen Bad Ischl und Wolfgangsee lassen sich nicht nur genussvoll durchwandern. Auch beim intensiven Waldbaden und Qigong im Wald (www.waldbaden-salzkammergut.com) lässt sich die Natur in all ihren Facetten intensiv erspüren. Die Natur hautnah erleben können Campinggäste in Berau aber auch gut direkt vom Platz aus, etwa auf dem »Bürglstein-Panoramaweg«, der am See startet.

56 SEEROSENIDYLL UND LAGERFEUERROMANTIK

AKTIV CAMP PURGSTALL ★★★★

▸ Augasse 8, 3251 Purgstall, Tel. +43 74 89/20 15, GPS: 48.0563, 15.12966667

■ pincamp.de/nö3200

Camping und Romantik? Das passt durchaus zusammen! Wie das geht, zeigt der Platz von Familie Kaiser im hügeligen Mostviertel südlich der Donau mit Stellplätzen unter Bäumen, Lagerfeuer in lauen Sommerabenden und Schwimmteich. Hier zählen die stillen Details und nicht das laute Spektakel. Gäste können ganz in Ruhe die eleganten Libellen im Schilf beobachten oder sich über die zartrosafarbenen Seerosenblüten am Teichrand freuen, den Tag in aller Ruhe mit Gymnastik am Wasser beginnen und danach beim Restaurant das nach Wunsch bestückte Frühstückskörbchen abholen.

Alternativ könnte man natürlich auch gleich dort frühstücken, wahlweise das »Genießerfrühstück« mit Mostviertler Spezialitäten oder die schlichtere Wiener Variante mit Kaffee und Gebäck. Snacks gibt es hier übrigens jederzeit, das Abendessen wird nach persönlichen Vorlieben zubereitet, meist mit Gemüse und Fleisch aus der Region. Denn der Nachhaltigkeitsgedanke ist auf dem mit etlichen Öko-Siegeln ausgezeichneten Platz schon seit vielen Jahren nicht wegzudenken.

Das Schmuckkästchen des Platzes ist die Chalet-Unterkunft im Getreidespeicher mit seinem tief nach unten gezogenen Dach und einem Vorbau mit tiefen Sprossenfenstern. Drinnen gefällt nicht nur die gemütliche Mischung aus viel Holz und modernem Mobiliar. Das besondere Extra im Fünf-Personen-Häuschen mit Schwedenofen und Terrasse unter schattigen Bäumen ist die kleine Saunakabine. Alternativ gibt es für alle anderen, die ohne eigenes Dach über dem Kopf anreisen, gemütliche Vollholzbungalows, die auf 20 m² erstaunlich viel Platz bieten und dazu eine geschützte Terrasse unter dem weit vorgezogenen Dach – ein wunderschönes Plätzchen, um sich zurückzuziehen. Dazu passt perfekt ein Glas Mostviertler Birnmost, den es neben anderen Most-Varianten und Weinspezialitäten aus der Wachau gut gekühlt in der platzeigenen »Mostgalerie« gibt.

ENTSCHLEUNIGUNG AUF SCHIENEN

Wer es eilig hat, ist hier nicht richtig. Wenn es mit dem Schienenradl gemütlich übers Land geht, bleibt genügend Zeit, all das genau zu betrachten und zu genießen, was rund um das kleine Wägelchen auf den Gleisen passiert. Vormittags zwischen 9.30 und 10.30 Uhr beginnt das besondere Vergnügen im 30 km entfernten Lunz am See. Von hier strampelt man mit sehr geringem Widerstand durch idyllische Hügellandschaften in Richtung Göstling bis zur Umkehr- und Raststation Klein-Großau.
Ab 13.30 Uhr sind die Schienenradl bereit für die Rückfahrt.

▸ www.mostviertler-schienenradl.at

Auf der **Stockrunde**, einer von fünf ausgewiesenen Lauf- und Nordic-Walking-Strecken, mit Abkühlung in der Erlauf
▸ 9 km/2 Std.

Mit gutem Schuhwerk auf einem Rundweg durch die wildromantisch-zerklüftete **Erlaufschlucht** und die Urgewalt des Wassers bestaunen
▸ 4 km/45 Min.

Eine Etappe des **Ötscherland-Radwegs** zum idyllischen Lunzersee
▸ 35 km/2 Std.

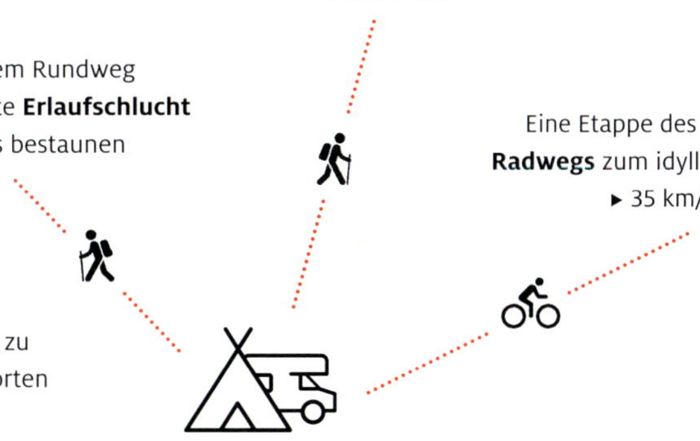

◂ Die plätschernde Erlaufschlucht zählt zu den beliebten Ausflugszielen und Kraftorten in der Umgebung des Platzes.

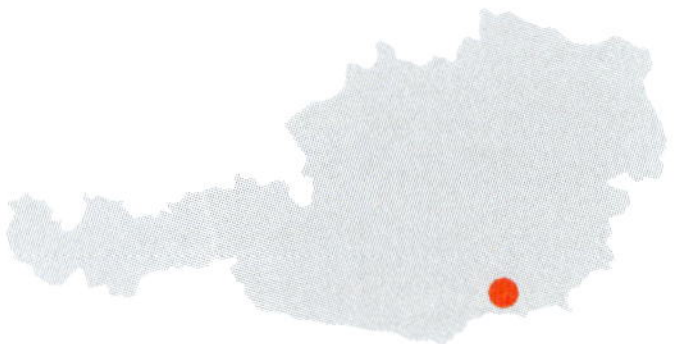

57 GENUSSURLAUB IM SÜDSTEIRISCHEN WEINLAND

ÖLSPUR-CAMPING ★★★½

▸ Eibiswald 127, 8552 Eibiswald, Tel. +43 66 03/49 08 10, GPS: 46.693265, 15.252802

■ pincamp.de/sm0750

Duftende Rosen ranken um einen Bogen, an den Rebstöcken reifen Trauben und wer sich auf dem Platz von Familie Moser zurecht finden möchte, der muss sich einfach an den hölzernen Weinblättern orientieren, die den Weg zu allen wichtigen Orten weisen. Überall auf der Anlage sind es die kleinen, geschmackvollen Details, die für eine besondere Atmosphäre sorgen. Auch der auf den ersten Blick etwas merkwürdige Name des Platzes verdankt sich einem Produkt für Genießer, dem Kürbiskernöl, das in der Region gewonnen wird.

Eines steht also fest: Genuss spielt hier die Hauptrolle. Große Blumentöpfe mit Schnittlauch, Petersilie und Co, die als »Kräuter für Camper« ausgewiesen sind, schmücken die sonnigen Wände des Rezeptionsgebäudes. Ein gut sortierter Weinkühlschrank an der Rezeption lädt dazu ein, die Spezialitäten der regionalen Winzer zu probieren. Schon beim Check-in erhält jeder Gast ein »Camping-Sackerl«, das man sich bei regionalen Produzenten – z. B. Bäcker oder Weingüter – zu Sonderpreisen füllen lassen kann. Dazu gibt es Gutscheine für Vergünstigungen: vom Eintritt ins Freibad direkt nebenan über Massage-Anwendungen bis zum Filmfrühstück oder Konzert-Brunch im Eibiswalder Kino.

Die Region lädt dazu ein, sie mit allen Sinnen zu entdecken, etwa bei einer Eselwanderung (www.eselwandern.at), beim wild Wandern entlang des Feistritzbachs sowie beim Angeln am nahen Teich. Im Frühling wird der Schilcher gefeiert, jener himbeerrote Rosé-Wein aus der Rebsorte Blauer Wildbacher, für den die Steiermark berühmt ist. Nicht von ungefähr weht am Platz die »Schilcherland«-Fahne direkt neben dem hölzernen »Klapotetz«, der Vogelscheuche, die einst die reifen Beeren vor Vögeln schützen sollte. Heute ist sie ein Wahrzeichen der Südsteiermark. Der Klapotetz ist auch eine gute Orientierungshilfe, wenn man entlang der Weinstraße auf der Suche nach Buschenschanken ist. Vor allem im Herbst sind diese Weinlokale eine Institution in der Gegend, wenn direkt auf den Höfen Kastanien geröstet und der junge Wein gefeiert werden.

Genuss, soweit das Auge reicht: Die Region der Weststeiermark lädt ein zu Ferien mit allen Sinnen.

58 WOHLFÜHLPLATZ AN DER SONNE

THERMENCAMPING BAD TATZMANNSDORF

▸ Am Campingplatz 1, 7432 Oberschützen, Tel. +43 664/144 88 29, GPS: 47.339123, 16.21901

■ pincamp.de/bl_105289

Yoga? Pilates? Rückenschule? Es ist eine Frage der persönlichen Vorlieben, welcher Übungsstunde man sich anschließt. In Bad Tatzmannsdorf werden sie in den Sommermonaten wechselweise angeboten: Man trifft sich nahe der Bühne am Joseph-Haydn-Platz zwanglos zu einer Stunde gemeinsamem Sport in der Natur. Dies ist nur eines von vielen Angeboten der Aktion »Slow down in Tatz!«. Die Stunden sind so ausgerichtet, dass auch Neulinge die sanften Bewegungen mühelos mitmachen können.

»Tatz«, wie die Einheimischen Bad Tatzmannsdorf nennen, hat als größter Kurort des Burgenlandes eine lange Tradition. Schon seit 1620 kommt man hierher, um die Wohltaten von Heilmoor, kohlensäurehaltigem Heilwasser und Thermalwasser zu genießen und manches historische Gebäude erinnert an die Anfangszeiten des Erholungsortes, der heute neben Kuren ein großes Bewegungsangebot offeriert. So gibt es beispielsweise einen Heilwasser-Lehrpfad mit neun Erlebnisstationen zum Thema Quelle und Wasser, an denen zu Übungen animiert wird. Eine gelenkschonende und wunderbar nach Holz duftende Finnenbahn im Kurpark, die mit ihrem weichen Untergrund dem Waldboden nachempfunden ist, bietet ideale Bedingungen zum Laufen oder Walken.

Der Thermencampingplatz mit großer Zeltwiese, Stellplätzen und Holzbungalows am Hang ist ein idealer Ausgangspunkt für Entdeckungstouren im Burgenland. Mehr als 2500 km Radwege erstrecken sich in der Umgebung. Die eher schlicht gehaltene Anlage punktet mit ihrer Lage und der Ruhe, die man am Platz findet – vom frühmorgendlichen Schwimmen im Naturbadeteich bis zum abendlichen Glas Wein mit Aussicht über das hügelige Weinland.

In der mit mehr als 300 Sonnentagen verwöhnten Region lässt es sich übrigens an milden Herbsttagen noch recht gut am Steg aushalten, während es in anderen Gegenden längst frisch geworden ist. Ein Besuch im platzeigenen Saunarondell ist aber nicht nur an einem der wenigen trüben Tage angenehm.

KRETISCHES LABYRINTH

Sieben Bögen, eine Kreuzung und eine Kreismitte. Daraus setzt sich die klassische kretische Form eines Labyrinths zusammen. Ein solches Labyrinth, traditionelles Symbol des Lebenspfades, ist auch im Kurpark von Bad Tatzmannsdorf angelegt. Hüfthohe Buchsbaumhecken animieren dazu, sich auf den angelegten Weg zu begeben. Es geht aber nicht darum, sich wie in einem Irrgarten den richtigen Weg zu suchen. Im entspannten, langsamen Gehen soll man vielmehr zur Ruhe finden. Seit seiner Eröffnung zum 200. Geburtstag des Kurparks hat sich der verschlungene Pfad zu einem Ort des Innehaltens und ganz einfach zum Spaßhaben entwickelt.

Nach Schachendorf zum 500 m langen **Baumwipfelweg Althodis** (www.baumwipfelweg-althodis.at), der sich in 20 m Höhe durch die Baumkronen windet
▸ 21 km/25 Min.

Idyllische Walking-Runde auf dem **Quellenweg Drumling** durch Lichtenwald und Tschabachtal
▸ 11 km/2 Std.

Ein Teilstück auf dem oft sehr zerfurchten, aber abwechslungsreichen **St. Martin-Panoramaradweg**
▸ 26 km/2 Std.

◂ Den Lebenspfad bewusst nachzeichnen: Das kretische Labyrinth in Bad Tatzmannsdorf hilft bei der Selbstfindung.

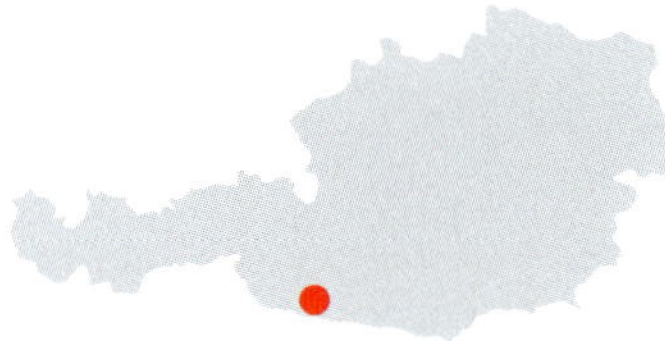

59 ACHTSAM CAMPEN IM LESACHTAL

ALPENCAMP KÄRNTEN ★★★½

▸ Kötschach 284, 9640 Kötschach-Mauthen, Tel. +43 471/54 29, GPS: 46.66953333, 12.99125

■ pincamp.de/kt1700

Vieles hat sich getan, seit 1965 die ersten Campingwagen anrollten. Waren es damals hauptsächlich Italienurlauber auf dem Weg nach Süden, die hinter dem Plöckenpass eine Rast einlegten, kommen heute Naturbegeisterte über die alte Römerstraße ins Bergsteigerdorf am Tor zum idyllischen Lesachtal. Damals wie heute schlägt man das Lager im Alpencamp auf den Wiesen zwischen Apfelbäumen auf.

Panorama und Natur zwischen Bergen und Flüssen zeichneten den Platz im Höhenluftkurort Kötschach-Mauthern von jeher aus. Zu romantischen Stellplätzen und zweckdienlichen Bungalows kamen im Laufe der Jahre gemütliche Chalets in Niedrigenergiebauweise hinzu, die sogar für Allergiker geeignet sind, außerdem ein gemütliches Campingfass und der »Wohlfühlstadl« mit Wellnesswelt. Nicht nur an kalten Wintertagen nach einer Skitour lässt es sich dort wunderbar entspannen: in verschiedenen Saunen, unter Erlebnisduschen und im Feuer-Ruheraum mit flackerndem Kamin und wohlig warm beheizten Ruhebänken. Mathilde und Sepp Kolbitsch legen Wert darauf, dass im »Stubenbadl«, in der »Almlärchensauna« und im Dampfbad das Ambiente stimmt.

Auf dem kompletten Platz wird Nachhaltigkeit gelebt, wo immer es nur möglich ist. »Wir haben ein gesellschaftliches und soziales Gewissen gegenüber unserer Familie, den Mitarbeitern und den Gästen«,

Zur **Mauthner Klamm** mit ihren bis zu 200 m hohen, senkrechten Felswänden ▸ 3 km/30 Min.

Zum versteinerten **Baum in Laas**, einem 280 Mio. Jahre alten Baumstamm aus der Perm-Zeit ▸ 5 km/1 Std.

Ins idyllische **Waldschwimmbad Mauthen**, wo Alpencamp-Gäste Rabatt erhalten ▸ 2 km/10 Min.

Das Abenteuer wartet vor der Tür: Im Alpencamp wird viel Wert auf unmittelbare Naturerlebnisse gelegt.

sagen die Kolbitschs aus Überzeugung. So gehören sie zu den Pionieren in nachhaltiger Campingwirtschaft und sind ein zertifizierter Green-Campings-Betrieb, bei dem Entschleunigung und Naturerlebnisse eine große Rolle spielen. Das Alpencamp ist ein gutes Beispiel dafür, dass Umweltschutz keineswegs auf Kosten des Genusses geht. Der nämlich spielt hier eine große Rolle.

Bauholz, das nach dem forstwirtschaftlichen Mondkalender gefällt wurde, chemiefrei aufbereitetes Wasser und vegetarische Spezialitäten im Wirtshaus – Achtsamkeit ist Trumpf. Hinzu kommen echte Naturerlebnisse wie die alljährliche Obsternte. Gäste können hautnah erleben, wie die unterschiedlichen Apfelsorten geerntet und mit traditioneller Methode zu Saft verarbeitet werden. Das ganze Jahr über gibt es den Apfelsaft im kleinen Laden zu kaufen, wo man auch frisches Gebäck, Eier von Wanderhühnern und regionale Spezialitäten bekommt.

IN DER RUHE LIEGT DER GENUSS

Die Zubereitung der ersten Kärntner Nudel ist eine Herausforderung, doch mit jedem dieser gefüllten Teigtascherl klappt es besser mit dem »Krendeln«, dem kunstvollen Verschließen des Teigs um die Füllung. 20 Varianten dieses Traditionsgerichts sind bekannt, moderne Interpretationen nicht eingeschlossen. Der Koch-Workshop »Nudlkrendeln« ist nur eines von vielen Angeboten, mit denen die weltweit erste »Slow Food Travel Destination« althergebrachte Produkte und ihre Zubereitung in den Mittelpunkt stellt. Dabei geht es in erster Linie um Bewahren und Genießen.

▸ www.slowfood.travel

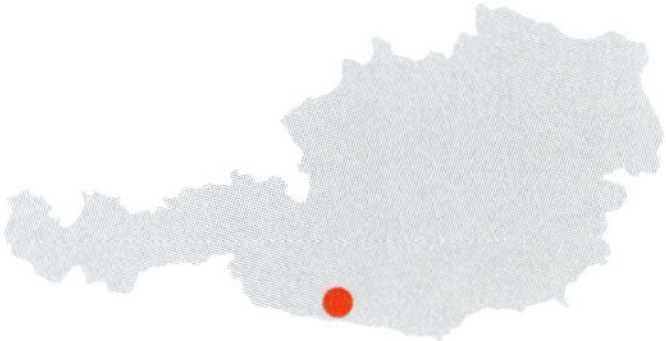

60 ALPINES SPA-ERLEBNIS IM DREILÄNDERECK

EUROPARCS HERMAGOR-NASSFELD ★★★★★

▸ Vellach 15, 9620 Hermagor, Tel. +43 42 82/20 51, GPS: 46.63118333, 13.39581667

■ pincamp.de/kt1630

Ausflug in die Einsamkeit: Eine beliebte Tour vom Gailtal aus führt zum wildromantischen Wolayer See.

Drinnen schwitzen, draußen Baden, den Tag mit Wassergymnastik beginnen und mit einer wohltuenden Massage beenden. So oder ganz anders könnte ein Tag bei Familie Schluga aussehen, die sich seit 1954 leidenschaftlich um ihre Gäste kümmert. Norbert Schluga war der Erste, der im Kärntner Gailtal in seinem Obstgarten einen Campingplatz anlegte. Sohn und Enkel traten in seine Fußstapfen und sind nicht minder engagiert, wenn es darum geht, neue Maßstäbe in der Ausstattung zu setzen. Das elegante »AlpinSpa« mit Schwitzstuben, Bädern und Ruhebereichen mit Aussicht gehört dazu.

Die Anlage ist immer familiär geblieben und die Stellplätze unter altem Baumbestand sind so großzügig wie die Anordnung der Schlaffässer, die man hier mieten kann. Bei den vielen Aktivitäten, die zur Attraktivität des Platzes beitragen, sind Senior- oder Juniorchef häufig selbst dabei. Falls nicht, haben sie wertvolle Tipps, insbesondere für die besten Motorradrouten im Dreiländereck Österreich, Italien, Slowenien, wo aussichtsreiche Passstraßen warten.

EINE RUNDE ZUM AUFTANKEN

Lauschen, wie der Wind durchs Schilf streicht, das Glitzern des Wassers beobachten und mit nackten Füßen die kleinen Steinchen am Ufer spüren – nur 6 km lang ist der »Slow Trail«, der vom Strandbad Hermagor rund um den Pressegger See führt. Doch man sollte sich mindestens eineinhalb Stunden Zeit nehmen, um bei der Umrundung entspannen zu können. Behütet von bis zu 3 m hohem Schilf taucht man schnell ein in eine andere, ruhige Welt. Später weitet sich der Blick auf Karnische und Gailtaler Alpen. Unterwegs sind vier Pausen an besonderen Kraftplätzen eingeplant.

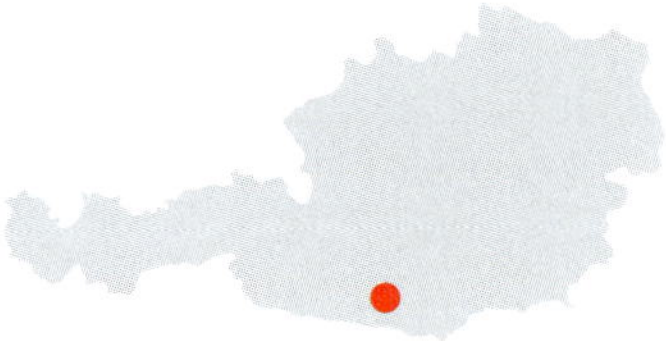

61 KÄRNTEN GANZ SPORTLICH

CAMPINGBAD OSSIACHERSEE ★★★★

▸ Seeuferstr. 109, 9520 Annenheim, Tel. +43 424 82/757, GPS: 46.65641667, 13.89196667

■ pincamp.de/kt0860

Es ist jeden Morgen aufs Neue ein magischer Moment, wenn die ersten Sonnenstrahlen hinter den Bergen auftauchen und einen glitzernden Teppich über den Ossiachersee legen. Die ersten Badegäste schwimmen vor dem Frühstück und an manchen Tagen platziert Kerstin Katzjäger-Giannakopoulos schon die SUP-Boards am Ufer, um mit Frühaufstehern den Tag mit Yoga auf dem Brett zu beginnen. Langschläfer können sich ganz ohne schlechtes Gewissen noch einmal umdrehen. Stand-up-Paddling gibt's auch zum Sonnenuntergang als Tagesausklang und Yoga – je nach Wetter – auf dem Steg oder im Ruheraum des eleganten Saunagebäudes, vor dem sich See und Berge als Traumkulisse aufspannen.

Yoga ist im Campingbad nur eines von vielen Angeboten eines umfangreichen Sportprogramms, das unter anderem Aquafitness, das neuartige Intervalltraining Bexfit, Rückenfitness und Zumba umfasst, das sich auf der Wiese mit Aussicht besonders gut anfühlt. Sogar die richtige Atemtechnik, um die körpereigene Widerstandskraft zu stärken oder um Hitze und Kälte besser ertragen zu können, kann man hier erlernen. Das kann nützlich sein, besonders beim Eisschwimmen, mit dem sich einige Hartgesottene hier im Winter Respekt verdienen.

In den vergangenen Jahren hat die weitläufige Anlage am schmalen Westufer von Kärntens drittgrößtem See nicht nur ihr Angebot für Gäste erweitert. Die kommunale Anlage wurde auch ordentlich modernisiert, bekam ein idyllisch im Schilf gelegenes Saunahaus und neue Stege, die Liegeflächen bieten und Schwimmbereiche gliedern.

Wer hier sein Domizil aufschlägt, kann gut den ganzen Tag am und auf dem See verbringen. Sonnenhungrige können sich am Kiesstrand oder im Schatten der Weiden auf der Liegewiese ausbreiten, und wer aktiv sein will, erreicht mit dem Fahrrad in 20 Minuten das Städtchen Villach mit seinen mediterranen Gassen, Innenhöfen und hübschen Läden.

NACHTS IM NATURPARK

Es dauert nicht lange, bis sich die Augen an die Nacht gewöhnen, die gar nicht so dunkel ist, wie sie anfangs erscheint. Die zunächst vorsichtig gesetzten Schritte bei der Astronomischen Führung im Naturpark Dobratsch werden sicherer und der Blick schweift in die Umgebung. Was raschelt da? Welches Tier ruft dort? Die Park-Ranger wissen Bescheid, und die Mitglieder des Astronomischen Vereins Kärnten helfen, wenn es um den Sternenhimmel geht. Das Pendant der Tour im Winter nennt sich »Dobratsch Unplugged«, ein Abendspaziergang im Laternenschein.

▸ www.naturparkdobratsch.at

Ein Stück über den Drauradweg zum türkisblauen **Faaker See** und mit einer geführten Kajaktour durch die eindrucksvollen Everglades am Faaker See (www.kajak-faak.com)
▸ 14 km/40 Min.

Zur steil abfallenden Felsformation **Jungfernsprung** nahe der Burg Landskron und dort die Aussicht genießen
▸ 3 km/40 Min.

Zum **Yoga im Berg** (www.bleib-berg.com) im Heilklimastollen Friedrich in Bad Bleiberg
▸ 21 km/25 Min.

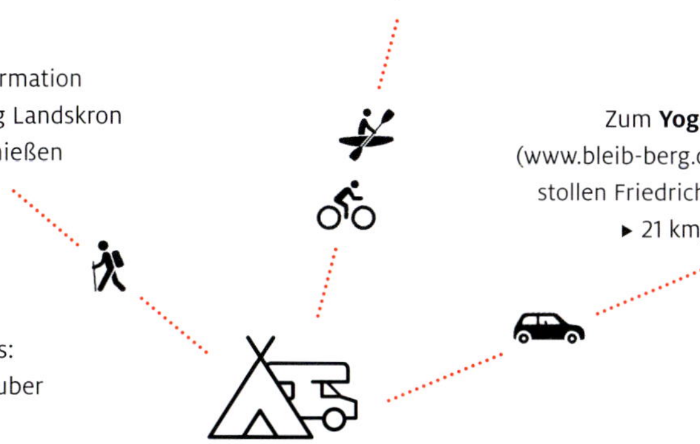

◂ Campingplatz mit Wasseranschluss: Am Ossiachersee kommen Badeurlauber voll auf ihre Kosten.

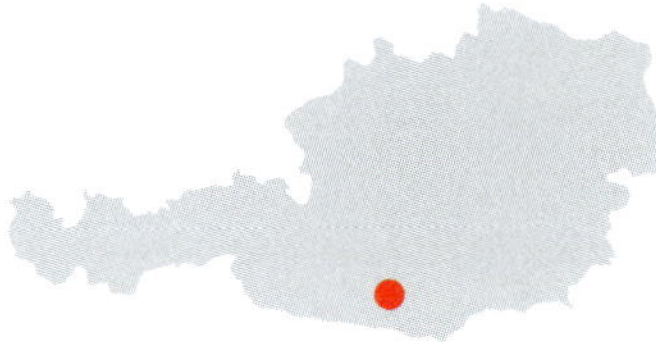

62 SAUNAGANG AM OSSIACHERSEE

SEECAMPING HOFFMANN ★★★★☆

▸ Bundesstr. 7, 9552 Steindorf, Tel. +43 42 43/87 04, GPS: 46.694929, 13.996685

■ pincamp.de/kt0920

Die Augen schließen und genießen: Bei einer Massage unter freiem Himmel fühlt sich der Urlaub gleich noch mal so intensiv an. Auch im Day bed ganz vorn am Steg bei der Seesauna, wo man nur noch Wasser und Himmel um sich hat, rückt der Alltag in weite Ferne. Im sonnigen Kärnten passiert das recht häufig. Und wenn das Wetter mal nicht so mitspielt, wie man möchte, bietet der Seecampingplatz Hoffmann eine gemütliche finnische Sauna direkt am Wasser. Von außen erinnert sie an einen Bungalow in Skandinavien. Im Innern hat man über große Glasfronten freien Blick bis zum See – damit man sich beim Schwitzen schon mal überlegen kann, ob man zum Abkühlen eine Runde schwimmen möchte.

Der große Privatstrand mit Liegewiese, Spa-Bereich und Sprungturm zählt zu den besonderen

Über den **Gerlitzen Höhenweg** auf die aussichtsreiche Gerlitzen Alpe, wo man im Alpinhotel Pacheiner in einer modernen Sternwarte einen Blick ins Universum werfen kann
▸ 11 km/3 Std. 30 Min.

Auf dem **Slow Trail Bleistätter Moor** durch das artenreiche Natur- und Europaschutzgebiet Tiebelmündung
▸ 7 km/2 Std.

Im gut ausgeschilderten und gepflegten **Lake.bike-Netz** durch den Wald beim Tauernteich
▸ 27 km/3 Std.

Der Alltagsstress ist ganz weit weg auf der kleinen Landzunge beim Seecamping Hoffmann.

Vorzügen des Familienbetriebs am Ossiacher See. 20 Stellplätze bieten Eva und Robert Hoffmann Fritzer neben einigen eleganten Lodges am terrassierten Hang unterhalb ihres Seehotels, wahlweise im Schatten hoher Birken oder auf einer kleinen Landzunge in allererster Reihe. Kajaks und Stand-up-Paddle-Boards stehen den Gästen frei zur Verfügung, damit sie den zwischen Bergen eingebetteten See auskosten können. Dieser ist übrigens auch ein erstklassiges Fischereigewässer und bietet die Kulisse für Yoga-Sessions auf der Liegewiese.

Für Aktive haben die Gastgeber und ihre sportlichen Söhne Moritz und Matthias jede Menge Tipps in nächster Umgebung. Der Hausherr begleitet die gemeinsamen Gipfeltouren und Bootsfahrten und sorgt obendrein für gute Stimmung. Mit seinen »Ossiacher See Musikanten« spielt Robert Fritzer seit 35 Jahren regelmäßig auf der Hoffmann-Terrasse, und zwar nicht nur klassische Oberkrainer Musik.

VILLACHER JUNGBRUNNEN

Fünf Quellen speisen das Warmbad Villach mit Thermalwasser, das aufgrund seiner positiven Wirkung auf das Allgemeinbefinden »Jungbrunnen« genannt wird. Seit Jahrhunderten ist es anerkannt zur Behandlung bei Erkrankungen des Bewegungsapparates. Neuerdings gibt es neben dem therapeutisch genutzten Kurzentrum mit der Kärnten-Therme ein beeindruckendes Erlebnisbad, unter anderem mit Sport- und Thermalbecken sowie großem Spa-Bereich. Und dann gibt es da noch das Maibachl, ein Quellbecken im Grünen, das nach der Schneeschmelze im Mai und nach starken Niederschlägen sprudelt.

▸ www.kaerntentherme.com

Opulente Wohlfühloasen im mediterranen Flair: Norditalien bietet sonnenhungrigen Campern beste Bedingungen für erholsame Ferien.

Norditalien

Mit den Zielen …

Der Comer See ist beliebt bei Seglern und Surfern:
In Le Vele folgt nach dem Wassersport Erholung pur.

63 FRISCHZELLENKUR AM ENERGIEBRUNNEN

CAMPING LE VELE ★★★★☆

▸ Via Case Sparse 244, 22013 Domaso, Tel. +39 03 44/96 50 49,
GPS: 46.15433333, 9.33673333

■ pincamp.de/lb2380

Auf dem breiten goldenen Sonnenstreifen zu schwimmen, wenn der Tag über dem Comer See erwacht, ist ein besonderes Erlebnis. Noch ist es still am »Lario«, wie die Einheimischen Italiens drittgrößten See nennen, den Gletscher schmal und tief in die Berge der Lombardei frästen. Die Berge sind auch auf dem Campingplatz nicht zu übersehen. Im Frühjahr sind die Gipfel häufig noch verschneit, was das Panorama noch reizvoller macht, vor allem wenn es im milden Klima rund um den See schon üppig blüht. Besonders attraktiv ist der Platz für Wassersportler; nicht von ungefähr heißt er »Le Vele« (die Segel). Schließlich ist das Örtchen Domaso beliebt bei Seglern und Windsurfern aus ganz Europa, weil im Sommer die »Breva« konstant die Segel bläht. Unbedingt empfehlenswert ist es, den Comer See vom Wasser aus zu erkunden, wo der Blick auf herrliche Villen fällt und auf Orte, die direkt aus dem Wasser zu wachsen scheinen. Danach folgt Quality-Zeit auf der Anlage mit einem kleinen, feinen Wellnesszentrum und einem Extra-Whirlpool im Freien, wo sich ins Blubbern des Wassers das sanfte Rauschen der Palmen mischt. Dann gilt es nur noch, die Frage nach dem Lieblingsaperitiv zu klären, für den nicht nur die Poolbar ein wunderbarer Ort ist. Und keine Sorge: Man muss hier nicht zwingend segeln. Auch für Radtouren, Wanderungen oder einen Bummel durch das 55 km entfernte Como ist man in bester Ausgangslage.

64 MARILLEN UND GUTES LEBEN

CAMPING BADLERHOF ★★★½

▸ Kugelgasse 4b, 39023 Laas, Tel. +39 04 73/62 80 11, GPS: 46.61546667, 10.69873333

■ pincamp.de/st1270

Sehr privat, gemütlich und familiär geht es auf dem Badlerhof mitten im sonnigen Vinschgau zu, kein Wunder bei insgesamt nur 38 Stellplätzen. Da kennt man ganz schnell so gut wie jeden seiner Campingnachbarn und trifft sich gerne mal bei Kaffee und selbst gebackenem Kuchen im »Badl-Café« zu einem Plausch. Vor allem in der Wandersaison sind die wenigen freien Plätze ganz schnell weg.

Idyllisch liegt der kleine Platz direkt neben dem Bauernhof der Gastgeberfamilie Hellrigl, eingebettet in die Obstwiesen des Vinschgaus – Landleben pur und ideal, um beim Sonnenuntergang mit einem Glas Roten die friedliche Bergatmosphäre zu genießen. Doch die Lage des Badlerhofes hat auch rein praktische Vorteile. Fußläufig ist in wenigen Minuten die hübsche Gemeinde Laas zu erreichen, wo man in der Ortsmitte Bäcker, Metzger, Läden, Cafés und Restaurants findet. Auch zum Bahnhof ist es vom Badlerhof nur ein kurzer Spaziergang. Die kostenlose VinschgauCard gewährt sieben Tage freie Nutzung aller öffentlichen Verkehrsmittel in ganz Südtirol. So kann man etwa eine Etappe auf dem »Vinschgau-Radweg« absolvieren und anschließend mit dem Zug nach Laas zurückkehren.

Das unangefochtene Highlight auf dem Badlerhof ist – natürlich neben dem selbst gebackenen Kuchen im Café – die gemütliche (kostenpflichtige)

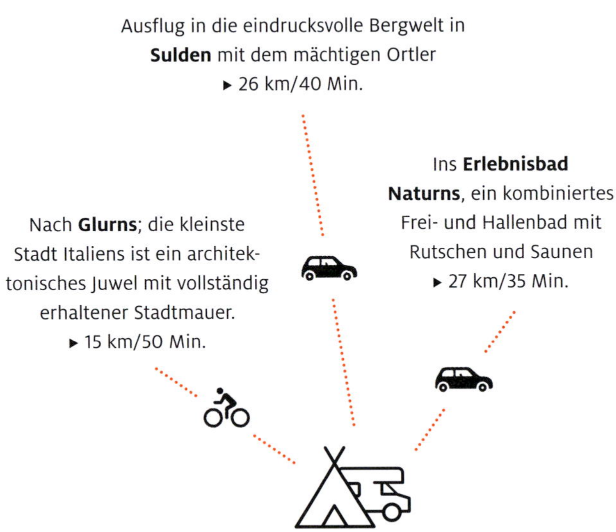

Atemberaubende Ausblicke und meditative Momente: Bergwanderung in der Umgebung des Badlerhofs

Wellnessoase. Das türkische Bad verspricht wohltuende Entspannung für Körper und Geist. Ordentlich geschwitzt und entschlackt wird in der heißen finnischen Sauna, Abkühlung gibt's anschließend unter dem kalten Nebel mit Minzeduft in einer der Aromaduschen. Und der große Whirlpool der Anlage mit Wasserfall setzt in Sachen Wellnesskomfort noch einmal einen oben drauf.

Spezielle Angebote für die Kids gibt es auch, damit beim Camper-Nachwuchs keine Langeweile aufkommt, wenn die Eltern die Vorzüge des Wellnessbereichs genießen. Der Kinderspielplatz ist gut ausgestattet und im kindgerecht eingerichteten Bad für die Kleinen macht das Waschen noch mehr Spaß. Und sollte es – was in den Bergen immer mal vorkommen kann – den ganzen Tag wie aus Eimern schütten, treffen sich Groß und Klein im Aufenthaltsraum mit traumhaftem Panoramablick zum Spielenachmittag oder Fernsehen.

KAISERLICHES MERAN

Meran war einer der Lieblingsorte von Sissi, der berühmten österreichischen Kaiserin. Das milde Klima und die mediterrane Vegetation hatten es ihr angetan. Wer heute die Kurstadt – die Therme Meran ist absolut zu empfehlen – besucht, kann auf den Spuren der Kaiserin von der Kurpromenade vorbei an restaurierten Jugendstil-Häusern bis zu den oberhalb der Stadt gelegenen Gärten von Trauttmansdorff wandeln. Im dortigen Schloss ist das Tourismusmuseum ein Highlight. Die Altstadt lädt mit den Lauben, der Haupteinkaufsstraße, zu einem Bummel ein. Und abends kann man im Restaurant »Sissi« hervorragend speisen.

▸ www.thermemeran.it, www.touriseum.it

65 KUREN WIE KAISERIN SISSI IN MERAN

LIVE MERANO CAMPING ★★★★

▸ Piavestr. 49, 39012 Meran, Tel. +39 04 73/42 63 88, GPS: 46.66381667, 11.15863333

■ pincamp.de/st1500

Auf dem Sonnendeck am Pool liegen und an einem kühlen Getränk nippen – das ist der Sommer in der traditionsreichen Kurstadt Meran. Und dieser dauert hier dank der geschützten Lage besonders lange und beginnt schon mit duftenden Blüten, wenn im Hintergrund noch der Schnee auf den Gipfeln der Texelgruppe glitzert, die die kalten Winde aus dem Norden abhält. Nicht ohne Grund kamen im 19. Jh. Kaiserin Sissi und Adelige aus ganz Europa zu Sommerfrische und Luftkur nach Meran.

Wenn heute Campingurlauber das Live Merano ansteuern, begrüßt sie ein besonderer Platz zwischen traditionsreicher Pferderennbahn und Innenstadt, der während des Corona-Lockdowns Angestaubtes abgeschüttelt und einen komplett neuen Anstrich verpasst bekommen hat. Schnörkellose, klare Formen, helle Farben und elegante Details prägen nun die Optik. Der große Vorzug des Platzes, die exponierte Lage, ist geblieben. Zehn Minuten sind es gemütlich zu Fuß in die Therme Meran, in der man nicht nur kuren und das Spa genießen kann, sondern auch Aquafitness und Work-outs im Freien. Noch näher liegt der Park mit lauschigen Plätzen unter alten Bäumen und immer wieder überraschender Literatur in der kleinen Tauschbibliothek. Den Einkauf für die Campingküche erledigt man ganz entspannt auf einem der Märkte, auf denen vor allem heimische Produkte angeboten werden. Einer der besten ist der samstägliche Meraner Markt mit seinen preisgekrönten Ständen, an denen ausschließlich Südtiroler Natur- und Handwerkserzeugnisse verkauft werden dürfen.

Weitere Ziele in der Umgebung kennt der aufmerksame Concierge-Dienst am Platz. Er hilft auch bei praktischen Fragen. So weiß er z. B., wann die Sauna nebst türkischem Bad geöffnet ist oder wo der Skibus in die Wintersportorte startet. Denn auch in der kalten Jahreszeit ist der Platz ein lohnendes Ziel, wenn man sich nach einem Weihnachtsmarkt-Bummel genussvoll in der Sauna aufwärmen kann.

NACHTS IM GARTEN

Der Vollmond über dem 650 Jahre alten Kränzelhof in Tscherms hat etwas Magisches. Für die Vollmond-Meditationen werden die sieben Gärten zur besonderen Kulisse. Sehenswert ist der von Franz Graf Pfeil zwischen Weingärten und Apfelplantagen installierte Ort voller Kunst und aufregenden Ausblicken jedoch zu jeder Tageszeit. Die philosophischen Gartenführungen, zu denen der Hausherr jeden Dienstag einlädt, sind ebenso inspirierend wie seine Weinführungen und die nächtlichen Tanzfeste mit DJ's.

▸ www.kraenzelhof.it

Zum denkmalgeschützten **Zmailerhof** und dort herrliche Aussichten sowie Wein und Säfte aus eigener Herstellung genießen
▸ 8 km/2 Std. 30 Min.

Zu den 80 Gartenlandschaften von **Schloss Trauttmansdorff** und dort die besonderen Orte und versteckten Plätze mit allen Sinnen erleben
▸ 3 km/10 Min.

Auf einer der fünf Südtiroler Bier-Radtouren nach Bozen mit Stopp im 700 Jahre alten **Gasthof Pfefferlechner**, wo selbstgebrautes Bier ausgeschenkt wird
▸ 35 km/2 Std. 30 Min.

◂ Geradlinige Formen ohne Schnickschnack: Die Architektur im Live Merano sorgt für entspannte Atmosphäre.

66 OPULENTE WOHLFÜHLOASE ZWISCHEN WEINBERGEN

CAMPING HERMITAGE ★★★½

▸ Naifweg 29, 39012 Meran, Tel. +39 04 73/86 09 11, GPS: 46.67083, 11.20187

■ pincamp.de/st1510

Tiefschwarz präsentiert sich die »Finnish Black Sauna« und die sanftere Variante »Bio Gold« in warm leuchtendem Goldgelb. Samtig dunkelgrün, violett und ozeanblau ziehen die schweren Sessel und breiten Liegen in den Ruheräumen die Blicke auf sich, wo aus goldenen Lampen Licht auf die Lektüre zur Entspannung fällt und feine goldene Linien über die schwarzen Tapeten laufen. Opulent und bunt kommen nicht nur die Saunen und Ruheräume daher, die im Camping Hermitage dem Motto »Chill like a Prinz« folgen. Auch Sanitärgebäude und das Restaurant sind üppig gestaltet und wer sich in der Bar seinen Lieblingsdrink mixen lässt, kann ihn unter goldenen Leuchtern schlürfen.

Understatement ist nicht die Sache des lässigen Platzes zwischen Wald, Weinbergen und Obstwiesen, der sich seit 2020 am Ort des ehemaligen Hotels Einsiedler ausbreitet. Den von den Bergen begrenzten Platz auf halbem Weg zwischen Meran und Hafling hat man gut genutzt und ein Gebäude errichtet, das sich harmonisch in die Landschaft fügt, während sich in den Fenstern Himmel und Weinberge spiegeln. Die Stellplätze reihen sich hinter dem »Smarthotel Prinz Rudolf« und bieten allesamt den schönen Ausblick auf das weite Tal, wie man ihn auch beim Schwimmen im Infinitypool auf der Spa-Etage genießt. Je nach Wetter schwimmt man in den Frühnebel, ins warme Licht der Abendsonne oder direkt in die Bäume, die sich im glatten Wasser spiegeln. Und dann sind da noch die beiden kreisrunden Pools auf dem begrünten Dach. Wer hier eintaucht, hat nur noch bewaldete Hänge neben sich und den Himmel darüber.

Der Platz ist ideal als Ausgangspunkt für Wanderungen und Touren inmitten eines sehr gut ausgebauten Mountainbike-Wegenetzes. Gemütlicher radelt es sich im Tal, wo die Routen mal durch Obstgärten führen, mal der Etsch folgen. Mit den E-Bikes, die am Platz verliehen werden, sind auch die 250 Höhenmeter für den Rückweg aus dem Tal kein Problem.

SÜDTIROLER GENÜSSE

Schon das Gebäude zieht Blicke auf sich. Bei einem Ausflug ins ehemalige Meraner Spielcasino mit frischen Kräutern und Gemüse vor der Tür tut sich schon beim Betreten ein Schlaraffenland auf. Im »Pur Südtirol« findet man alles, was die Region kulinarisch auszeichnet: Obstsäfte, die schmecken, als würde man in eine reife Frucht beißen, knuspriges Schüttelbrot und Grissini in XXL, Speck aus dem Reifekeller im Untergeschoss und würzige Käsesorten. Die Auswahl ist groß, die Beratung fachkundig und die Einkaufstasche am Ende randvoll mit kulinarischen Mitbringseln.

▸ www.pursuedtirol.com

Am Wochenende zum Frühstücken auf die **Kuhleitenhütte**; Ausgangspunkt ist die Bergstation der Gondel Meran2000, die neben dem Campingplatz startet
▸ 4 km/1 Std.

Ins Zentrum von **Meran** zum gemütlichen Bummeln
▸ 7 km/20 Min.

Auf einem Stück des Schenner Waalwegs entlang der historischen Bewässerungsgräben nach **Verdins**
▸ 6,5 km/1 Std. 30 Min.

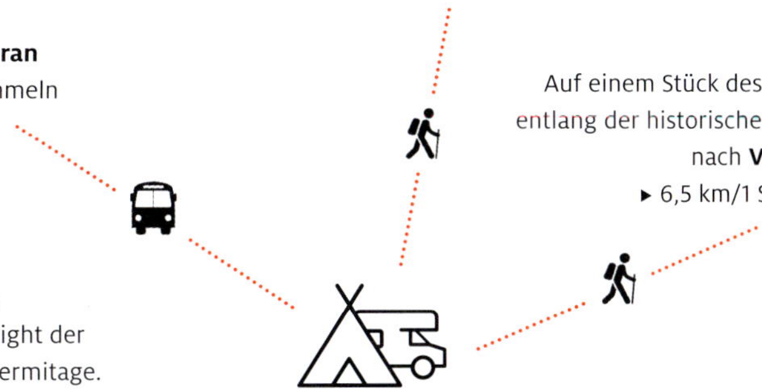

◂ Freier Blick auf die Berge: Der Infinitypool ist ein Highlight der opulenten Ausstattung im Hermitage.

67 BADEKOMFORT ZU FÜSSEN DER SEISER ALM

CAMPING SEISER ALM ★★★★½

▸ Dolomitenweg 10, 39050 Völs am Schlern, Tel. +39 04 71/70 64 59, GPS: 46.53343333, 11.53333333

■ pincamp.de/st2300

Manche Orte sind einfach wie geschaffen fürs Campen im Grünen, so auch der Naturpark Schlern-Rosengarten am Fuße der Seiser Alm, der größten Hochalm Europas. Über dem Campingplatz thront der Hausberg Schlern und sorgt für eine fantastische Kulisse. Wenn der Berg beim Sonnenuntergang rot glüht, könnte man es fast schon kitschig nennen oder einfach nur ergreifend schön. Doch der Ort ist nicht nur für Romantiker geeignet, auch Genießer werden sich hier wohlfühlen. So wird im platzeigenen Restaurant mit frischen regionalen Produkten gekocht. Generell ist die Region ein hervorragendes Campingziel für »Foodies« mit zahlreichen urigen Einkehrmöglichkeiten und guten Restaurants.

Auf dem Platz selbst fehlt es nicht an Komfort: Die Betreiber versprechen »Baden wie zuhause«, und tatsächlich: Das Badehaus verbreitet echte Wohlfühlatmosphäre. Gäste können sich für den gesamten Aufenthalt ein privates, komfortables Badezimmer reservieren. Nachwuchscamper wird das wahrscheinlich weniger interessieren, dafür aber das kindgerecht eingerichtete »Zwergenbad«. Und auch das 26 bis 28 °C warme Salzwasserfreibad und der Abenteuerspielplatz dürften dem Geschmack der kleinen Gäste näherkommen. Naturnähe ist hier wie fast überall auf dem Platz inklusive: Der Spielplatz grenzt direkt an ein Kleintiergehege mit

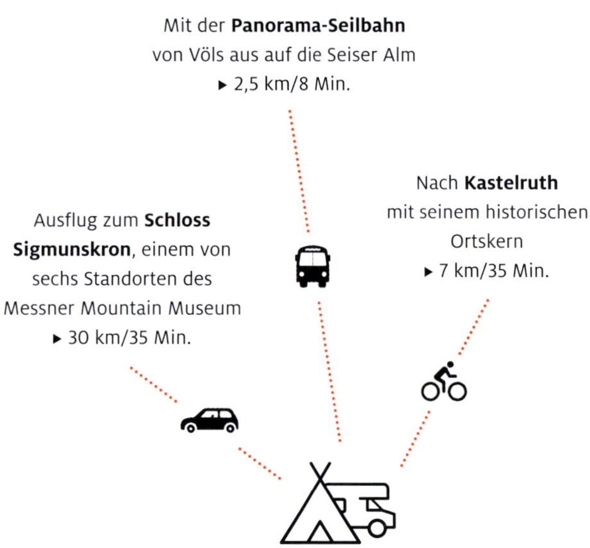

Wandern im Sommer, Skifahren im Winter: Im größten Hochtal Europas fühlen sich Aktivurlauber wohl.

Hasen, Ziegen und Hühnern. Zu herrlichen Tagen mit der ganzen Familie lädt der Völser Weiher am Fuße des Schlerns ein. Er zählt zu den saubersten Badeseen Italiens und verspricht aufgrund seiner Höhenlage Abkühlung, umgeben von einer einzigartigen Landschaft. Vom Mountain Camping ist der Badesee nur fünfzehn Minuten zu Fuß entfernt.

Im Sommer wie im Winter ist die Seiser Alm ein Tummelplatz für Aktivurlauber. Auf einer Höhe von 1680 bis 2350 m ermöglicht sie zu jeder Jahreszeit Naturerlebnisse mit traumhafter Aussicht auf unzählige Dolomitengipfel: ein Paradies für Bergsteiger, Wanderer und Mountainbiker. Im Winter werden auf der Alm zahllose Pisten – mit Anschluss an die berühmte »Sella Ronda« – präpariert und Loipen gespurt. Rasant zu Tale geht es auf insgesamt elf Rodelbahnen. Durchgefroren und zurück auf dem Platz kann man sich in der Sauna aufwärmen, die im Winter regelmäßig angeheizt wird.

BUMMEL DURCH BOZEN

In Bozen spürt man bereits den Hauch des Südens. Die lebhafte Landeshauptstadt versprüht schon fast etwas Mediterranes, wenn man durch die Einkaufsstraße Lauben mit ihren prächtigen Kaufmannshäusern flaniert, am Waltherplatz einen Kaffee schlürft oder sich auf einen Apéro an den »Fischbänken« trifft. Im Sommer bevölkern Einheimische wie Touristen die Außensitzplätze der Cafés – am liebsten nach einem Bummel durch die malerischen Gassen der Stadt. Einen Blick in die Mustergasse mit ihren Palästen aus der Renaissance sollte man hier auf jeden Fall geworfen haben, ebenso auf die Eismumie »Ötzi« im Südtiroler Archäologiemuseum.

68 ALPINES FLAIR UND ITALIENISCHE LEBENSART

CAMPING CATINACCIO ROSENGARTEN ★★★½

▸ Strada de Pucia 4, 38036 Pozza di Fassa, Tel. +39 04 62/76 33 05, GPS: 46.42636667, 11.68535

■ pincamp.de/tn5300

Ob der legendäre Zwergenkönig des Rosengartens Laurin im Herzen auch ein Camper war? Die Frage wird unbeantwortet bleiben. Aber wahrscheinlich hätte ihm dieser Campingplatz mit seiner entspannten Atmosphäre gefallen. Befindet er sich doch mitten im Fassatal, im Herzen des UNESCO-Welterbes Dolomiten, wo ihn die Familie Rizzi bereits in dritter Generation betreibt. Perfekt ist die ruhige und sonnige Lage mit Panoramaaussicht zwischen dem kleinen Fluss Avisio und dem Ortsrand von Pozza di Fassa: Das Ortszentrum mit Geschäften und Restaurants ist zu Fuß in wenigen Minuten erreicht.

Pozza und das Campinggelände liegen unterhalb des Bergmassivs Rosengarten, dessen charakteristische Felswände und Gipfel im Sonnenuntergang rot leuchten. Nach einer mittelalterlichen Sage befanden sich genau hier das Reich und der Rosengarten des Zwergenkönigs Laurin, der im Kampf gegen Dietrich von Bern getötet wurde. Sein fleißiges Zwergenvolk suchte im Inneren der Berge nach Kristallen, Silber und Gold. Doch die Lage des Platzes ist auch in anderer Hinsicht majestätisch: auf stolzen 1320 m Höhe direkt an der Strecke der »Marcialonga«, des Skilanglaufmarathons, der jedes Jahr am letzten Sonntag im Januar stattfindet. Wintersport wird also groß geschrieben und »Superski Dolomiti«, ein Skigebiet der Superlative mit unzähligen Liften und Pisten, liegt praktisch vor der Caravantür. Auf dem Platz stehen Skischuhwärmer und ein Skiraum zur Verfügung sowie zwei private Skibusse. Im Sommer zieht es vor allem Wanderer und Mountainbiker in die Berge – es gibt einen platzeigenen Bus für den Fahrradrücktransport. Und natürlich ist das Fassatal ein Eldorado für Kletterer und Bergsteiger.

Mit einer Fläche von etwa 3 Hektar ist Camping Catinaccio – neben Stellplätzen können neue Wohnungen und Wohnmobile gemietet werden – noch überschaubar und meistert den Spagat zwischen alpenländischer Tradition und moderner Infrastruktur erfolgreich. Ein Highlight ist der neue Wellness- und Entspannungsbereich im traditionellen Alpinstil, wo Dampfbad, Sauna, Ruheraum und Erlebnisdusche auf Ruhe suchende Camper warten. Da Pozza di Fassa aber auch für sein schwefelhaltiges Thermalwasser aus der Quelle Aloch bekannt ist, können die Gäste gleich zwei Thermalbäder in der Nähe des Campingplatzes nutzen: die Dolomia Therme und die QC Terme Dolomiti. Mit beiden kooperiert das Camping Catinaccio.

Die kulinarische Grundversorgung übernimmt die zum Platz gehörende Bar, die typisch italienisches Flair verströmt und italienisches Frühstücksflair garantiert: Hier können täglich Milch und frisches Brot bestellt werden, morgens zischt die Espresso-Maschine, serviert werden leckere Frühstücksteller und großzügig belegte Panini sowie natürlich Pizza. Sowieso muss man sich hier in kulinarischer Sicht keine Sorgen machen. Gäste müssen nur genussorientiert die richtige Entscheidung treffen. Denn dank der Ortsnähe ist auch außerhalb der Platzanlage für reichlich gastronomische Abwechslung gesorgt im großen wie im kleinen Rahmen. So gehört zum Wohlfühlprogramm des Platzes auch, dass man abends einfach nur auf ein Glas Wein oder Bier nach Pozza di Fassa spazieren kann.

◂ Klein, aber fein: Zwischen Fluss und Pozza di Fassa breitet sich der überschaubare Campingplatz Catinaccio Rosengarten aus.

DIE QC TERME DOLOMITI

Auf jeden Fall einen Abstecher wert ist die 2016 eröffnete QC Terme Dolomiti mit 4000 m² Wohlfühlfläche auf drei Ebenen und verschiedenen Außen- und Innen-Schwimmbädern. Die Therme bietet eine Wellnesserlebniswelt der Extraklasse, die von Klang- und Farbbecken, die auf die Sinne einwirken, über Wasserfällen, Whirlpools und Kneipp-Runden bis zur Saunawelt mit Biosaunas und türkischem Dampfbad reicht. Hinzu kommen Gesichts- und Körperbehandlungen sowie Massagen. Mittags wird ein Wellness-Lunch angeboten und abends ein Aperitif.

▸ www.qcterme.com

69 ZWISCHEN SKIBERGEN UND WASSERFALL

CAMPING AL PLAN – DOLOMITES ★★★½

▸ Catarina Lanz Str. 63, 39030 St. Vigil in Enneberg, Tel. +39 04 74/50 16 94, GPS: 46.69485, 11.93816667

■ pincamp.de/st3250

Die Chancen stehen gut, hier in einer klaren Augustnacht Sternschnuppen am leuchtenden Firmament zu entdecken. Aber auch ohne die spektakulären Meteore ist der Sternenhimmel über den Dolomiten eindrucksvoll genug. St. Vigil in Enneberg ist der nördlichste Ort im Gadertal. Er liegt 20 km hinter Bruneck auf einem sonnigen Plateau inmitten der Berge und weit weg von jeder Lichtverschmutzung, die den Blick in den Nachthimmel trüben könnte.

Vom terrassierten Campingplatz am Dorfrand ist die Aussicht aber auch tagsüber imposant und man kann schon beim Frühstück am Platz den Blick über die Gipfel schweifen lassen und Pläne schmieden. Manche Gäste sind aber schon längst auf den Beinen, während andere noch frühstücken: Die Tagestour »Buddhas Tagtraum« startet bei Sonnenaufgang. Los geht es mit einer Morgenmeditation, die in eine kraftvolle Yoga-Einheit mündet. Zum gemeinsamen Frühstück geht es dann stets an einen besonderen Ort, zum Abschluss wird mit einfachem Yin-Yoga noch einmal entspannt. Praktiziert wird letzteres in der Jurte unweit des Campingplatzes, die von Mai bis September Treffpunkt der Yoga-Anhänger ist – egal ob frühmorgens, zum Tagesausklang oder für interessierte Anfänger beim »Drive in Yoga«. Ein Stück weiter – zehn Minuten mit dem Fahrrad entfernt – geht es zu den Ciastlings-Wasser-

Die Traumkulisse in nächster Nähe: Der Naturpark Fanes-Sennes-Prags lädt zu ausgiebigen Wandertouren ein.

fällen, ein weiterer herrlicher Platz, um mitten in der Natur den Tag zu beginnen.

Ob zu Fuß, mit dem Mountainbike, mit Ski oder Schneeschuhen – um die eindrucksvolle Natur und die traditionsreichen Orte ladinischer Kultur zu entdecken, ist man im Al Plan Dolomites am Fuße des Kronplatzes bestens aufgehoben. Im Anschluss an erfüllte Ausflüge erinnert man sich beim Wellness zwischen Kräutersauna und Dampfbad an die Pfiffe der Murmeltiere, an bunt blühende Almwiesen und glasklare Bergseen. Mit ätherischen Düften, Felsendusche und Dolomitenbildern fühlt man sich auch hier in die Bergwelt versetzt. Und später im Restaurant geht es lokaltypisch weiter bei ladinischen Spezialitäten wie Knödel, Polenta mit Pilzen, Gerstensuppe oder Schüttelbrotnudeln zum Wild aus der Region. Aufgetischt wird auf der Terrasse mit Ausblick oder in einer heimeligen Gaststube mit viel Holz, wie es in der Gegend üblich ist.

BESUCH IM NATURPARK

Wie entstanden die Dolomiten mit ihren mächtigen Felsgipfeln? Welche Bewandtnis hat es mit dem »Ursus ladinicus«, dem Höhlenbären, dessen fossile Überreste Ende der 1980er-Jahre in einer Höhle am Conturines gefunden wurden? Was ist das Besondere an den Bergwiesen unterhalb des Heiligkreuzkofels mit ihrer außergewöhnlichen Pflanzenvielfalt? Im kostenlos zugänglichen Naturparkhaus in St. Vigil in Enneberg wird anschaulich erklärt, was den Naturpark Fanes-Sennes-Prax auszeichnet – und auch, wie es zur sagenumwobenen »Enrosadira« kommt, bei der die Berge rosafarben leuchten.

▸ www.suedtirol.com/natur/naturparks

70 GANZ OBEN IN DEN DOLOMITEN

CAMPING SASS DLACIA ★★★★★

▸ Sciarè 11, 39030 St. Kassian, Tel. +39 04 71/84 95 27, GPS: 46.55438333, 11.96996667

▪ pincamp.de/st3800

Die duftenden Kiefernwälder und Almwiesen breiten sich malerisch aus vor der Bilderbuchkulisse der Dolomitengipfel, die hier markant das Tal umschließen. Unter den Bäumen liegen die lauschigsten Zeltplätze des Campingplatzes Sass Dlacia: angenehm kühl an heißen Sommertagen und perfekt, um die Hängematte zwischen zwei Bäume zu spannen. Auf 1680 m Höhe sind Sommertage eine Wohltat, an denen es weiter unten im Tal drückend heiß ist.

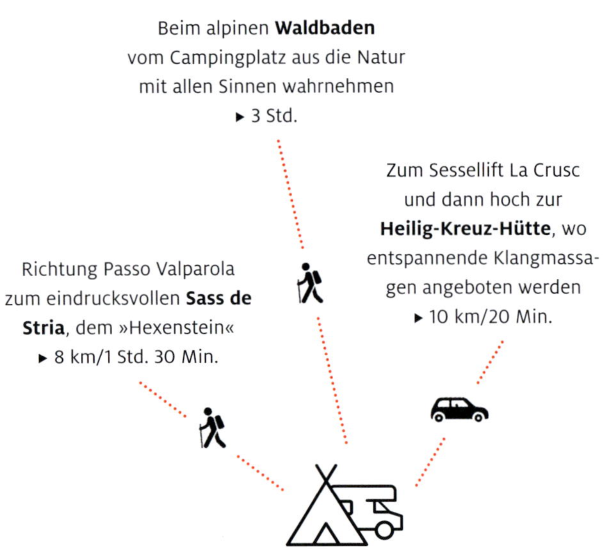

Doch der Platz ist zu jeder Jahreszeit eine Reise wert und ein ausgezeichneter Standort für Aktivurlauber. Im tief verschneiten Winter warten 26 Loipenkilometer direkt vor dem Platz und ein eigener Skibus befördert Gäste zum 1,5 km entfernten Einstieg der traumhaften »Dolomiti Superski«-Skipisten von Alta Badia, die Teil der berühmten »Sella Ronda« sind. Um in den bekannten Olympiaort Cortina d'Ampezzo zu gelangen, muss man nur den Falzarego-Pass überqueren.

Dienstags kommt Alexandra aus ihrem Studio im nahe gelegenen San Cassiano herauf zum »Yoga tl cör dles Dolomites«, um auf den Wiesen inmitten der Bergkulisse Yoga-Stunden zu geben. Die schroffen Felsen der Dolomiten sind außerdem ein herrliches Klettergebiet, Anfänger und Könner finden hier passende Routen. Radsportbegeisterte können wählen zwischen Rennrad- und Mountainbike-Touren. Die

Nach dem Wohlfühlprogramm in Sauna oder Hammam zieht es die Gäste im Camping Sass Dlacia in die Natur.

Infrastruktur ist für beide Radtypen hervorragend, genauso wie das Wegenetz für Wanderer. Nach dem Sport ist es dann umso wohltuender, eine Massage zu genießen, die die Muskeln lockert, oder in Sauna und Hammam zu entspannen.

Das sonnig gelegene Alta Badia ist aber auch eine Region, in der man kulinarisch zu genießen weiß. Die traditionellen ladinischen Gerichte werden hier zeitgemäß interpretiert, sowohl deftig zum Sattessen als auch besonders interpretiert von Sterne-Köchen wie Norbert Niederkofler, der mit vier Michelin-Sternen im nahegelegenen Restaurant »St. Hubertus« der Star ist. Das Lokal am Campingplatz serviert einen Mix aus ladinischer und mediterraner Küche. Das Essen bildet hier den Auftakt für Abende zwischen Lagerfeuer und »Bosch Bar«. Wer nicht mit Zelt oder Camper anreist, schlüpft danach in eine der einfachen »Üties« aus Holz, gemütliche, sonnig gelegene Holz-Mobilheime.

ARBEITEN MIT AUSSICHT

Bisweilen kommt man auch im Urlaub nicht ums Arbeiten herum. Warum sollte man sich dann nicht wenigstens einen besonders schönen Platz dafür aussuchen? »Moviment Natural Smart Working« ist die Antwort auf muffige Büros im Alta Badia. Auf dem Piz-Sorega-Plateau und dem Piz La Ila warten Arbeitsplätze mit USB-Ladestation, die von Solarzellen gespeist werden. Während Mama oder Papa arbeitet, können sich die Kinder in Kinderparks austoben. Bei den Bergstationen der Bahnen gibt es Schließfächer für Laptops und Unterlagen, damit man nach getaner Arbeit noch unbeschwert auf Tour gehen kann.

▸ www.moviment.it

71 KREATIVER VORREITER FÜR GENUSS

CARAVANPARK SEXTEN ★★★★★

▸ St. Josef Str. 54, 39030 Sexten, Tel. +39 047 47/104 44, GPS: 46.66783333, 12.3996

■ pincamp.de/st3500

Einfach beeindruckend ist die Palette der Mietunterkünfte im Caravanpark Sexten. So kann man sich im privaten Luxus-Baumhaus in der Whirlpool-Badewanne zurücklehnen und dabei vorbei am offenen Kamin durchs Panoramafenster in die Tannenwipfel blicken. Wer hier den Alltag nicht ganz schnell hinter sich lässt, ist selbst schuld. Oder wie wäre es mit einem genüsslichen Wannenbad im privaten Sanitärbereich am Stellplatz, wo man sich bei geöffneter Schiebetür, Vogelgezwitscher und Bienensummen wie auf einer Almwiese fühlt? Auch ein Schlafplatz im »Yakima Sky Rise Village« hat seine Vorzüge: Dort kann man sich auf der privaten Holzterrasse in die Decken kuscheln und je nach Wetter individuell entscheiden, ob man unter freiem Himmel mit Blick auf die Sterne schlafen möchte oder doch lieber das schützende Cabrio-Dach schließt. Relativ neu im Angebot, aber nicht minder speziell sind die Lodges für Zwei mit privater Sauna.

Berühmt ist die Anlage auch für ihren Wohlfühlbereich. Schon früh, als Wellness noch nicht in aller Munde und Camping weit davon entfernt war, mit Glamping seine glamouröse Seite zu entdecken, bot der Caravanpark Sexten Schwimmbad, Sauna und Anwendungen, die über den Standard von so manchem Spa-Hotel hinausgingen. Seitdem setzt der idyllisch im Wald gelegene Platz am Weg zum Kreuzbergpass Maßstäbe in Sachen Wellness, und sein Day Spa ist auch bei Nicht-Campern gefragt. Es gibt ein Hallenbad und große Whirlpools unter freiem Himmel – einer ist mit Selen, der andere mit Kalzium angereichert, was die Durchblutung fördert und die Haare glänzen lässt. Bei neun verschiedenen Saunen – Private Spas nicht eingeschlossen – findet man mühelos seine Wohlfühltemperatur und das richtige Ambiente, in dem man besonders gut entspannen kann. Und in den Abkühlphasen zwischen all den außergewöhnlichen Schwitzstuben locken draußen Wassertreten und die frische Bergluft.

Egal in welchem Bereich, überall spielt der Platz modern und wagemutig mit traditionellen Bauweisen und Materialien und holt die Natur nach drinnen. Viel Holz und Stein sorgen für Wohlfühlatmosphäre und Räume wie die Salzgrotte sind allein wegen ihrer Ausstattung Pflichtprogramm beim Saunabesuch. Nicht minder aufwendig gestaltet, jeweils mit speziellem Motto, sind die Sanitäranlagen. So gibt es etwa ein in den Hügel gebautes »Kristallbad« und ein »Bauernbad« im 300 Jahre alten Hof.

Gäste entdecken auf dem Platz immer wieder Neues, man kann aber auch einfach nur die Umgebung genießen. Allein der Blick auf die Sextner Sonnenuhr ist etwas Besonderes. Ihren Namen verdankt die Berggruppe der Anordnung ihrer Gipfel. Je nach Sonnenstand lässt sich an ihnen die Tageszeit ablesen. Sexten ist ein ausgezeichneter Ort für einen bewegten Urlaub. Wie wäre es morgens um 8 Uhr mit einem Sonnengruß beim »Mountain Yoga«? Oder etwas später mit einer Wanderung zu den Drei Zinnen? Attraktiv ist die Region das ganze Jahr über. Für Durchreisende – etwa bei einer Dolomitentour – gibt es einen leicht zugänglichen Extra-Bereich.

Zum Wasserfall **Cascata del Pissandolo**
▸ 5 km/20 Min.

Von der Helmjet-Bergstation zum Sonnenaufgang am **Helmgipfel** mit Rundblick auf die Dolomiten und anschließendem Bergfrühstück im Restaurant
▸ 1 Std.

Auf landschaftlich reizvollen Loipen über die Strecke des jährlichen Volkslaufs **Toblach–Cortina** (zurück per Bus)
▸ 40 km/3 Std. 30 Min.

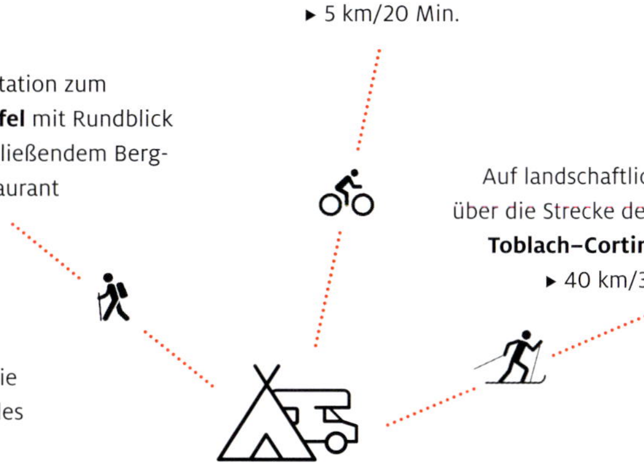

◂ Wagemutige Architektur prägt die Wellness- und Spa-Einrichtungen des Caravanparks Sexten.

72 ALPINE ERHOLUNG AM SEEUFER

CAMPING TOBLACHER SEE ★★★★☆

▸ Toblacher See 3, 39034 Toblach, Tel. +39 04 74/97 31 38, GPS: 46.70646667, 12.2181

▪ pincamp.de/st3420

Es ist ein ewiger Hingucker, dieses beeindruckende Bergmassiv. Man kann sich einfach nicht sattsehen an den Sextener Dolomiten. Muss man auch nicht auf dem gepflegten Gelände, das terrassenartig zum Toblacher See hin abfällt. Das Panorama ist rund um die Uhr zu genießen, und damit in den verschiedensten Tag- und Nachtstimmungen. Und daneben breitet sich in seiner ganzen Schönheit ein See aus: kristallklares Wasser, das zum Abtauchen einlädt. Es gibt gleich zwei Badestellen am Platz, auf einer großzügigen Liegewiese kann man sich in der Sonne aalen – und das alles mitten in den Bergen, im UNESCO-Welterbe Dolomiten. Der See lockt vor allem dann, wenn man von einer schweißtreibenden Klettertour oder Bergtour zurückkommt. Da verspricht das wahrlich kühle Nass – mit maximal 16 °C – Erfrischung pur.

Das entschleunigte Vergnügen beginnt bereits im Winter, wenn man in die Langlaufloipe direkt am Platz einfädelt. Wer es rasanter mag, findet in der Umgebung gleich mehrere Skigebiete und im Sommer warten lohnende Radtouren. Wer es ganz ruhig mag, kann natürlich auch einfach nur gemütlich um den See schlendern, etwa auf einem Erlebnisweg mit elf Stationen und Aussichtsplattformen.

Übernachten mit Komfort kann man auch, dafür stehen die »Skyview Chalets« mit Sonnendeck und eigener Infrarotsauna in einer »Adults Only«-Zone am See bereit. Direkt im Chalet kann man sich auch das Frühstück schmecken lassen, mit regionalen Zutaten und Bio-Produkten. Natur und Genuss liegen hier dicht beieinander. Welcher andere Campingplatz besitzt schon einen mit 500 Weinen bestens bestückten Weinkeller mit eigenem Sommelier?

Für einen entspannten Tag abseits von Bergen und See geht es ins Alpin-Erlebnisbad Acquafun im nur 8 km entfernten Innichen, mit vielfältigen Wasserattraktionen und einer Saunalandschaft. Kneipp-Freunde kommen in Niederdorf auf ihre Kosten, wo Heilquellen und ein Kneipp-Aktiv-Park warten. Wem das alles eine Nummer zu groß ist: Der Campingplatz selbst bietet Wellness im Kleinen und einen urigen Hingucker: ein Saunafass mit Hot Pot.

Der eiskalte Toblacher See in den Sextener Dolomiten macht garantiert jeden müden Wanderer wieder munter. ▸

73 SICH TREIBEN LASSEN AM LAGO CALDONAZZO

CAMPING FLEIOLA ★★★★☆

▸ Viale Trento 42, 38050 Calceranica al Lago, Tel. +39 04 61/72 31 53, GPS: 46.00701667, 11.24545

■ pincamp.de/tn6300

Die meisten Urlauber denken bei italienischen Seen wohl zuerst an den allseits beliebten Gardasee. Den Lago Caldonazzo im Valsugana hingegen, immerhin den größten See, der komplett auf Trentiner Gebiet liegt, kennen nur wenige. Noch liegt er weitgehend abseits der eingefahrenen Touristen- und Campingrouten. Dabei werden rund um den bis zu 47 m tiefen See Campingleben und italienische Dolce Vita großgeschrieben. Camping Fleiola bei Calceranica al Lago ist nicht der einzige Campingplatz am See, im Gegenteil: Insgesamt zehn Plätze gruppieren sich rund um das 5 km lange Gewässer. Aber Fleiola ist wohl der kleinste und feinste, mehr als 80 Camper dürfen nicht auf den Platz. Die Lage des Areals auf einer kleinen Halbinsel ist einfach hinreißend. Highlight des Geländes ist der 300 m lange private Kieselstrand. Schwimmen ist hier eine besondere Freude, denn der Lago Caldonazzo gilt mit Temperaturen von 18 bis 24 °C als einer der wärmsten Seen Europas. Klar, dass die Badeplattform ebenso wie der Whirlpool am Strand schnell belegt sind. Auch 2022 wurde der See wieder mit dem Umweltzeichen »Bandiera Blu« für hervorragende Wasserqualität ausgezeichnet.

Der Caldonazzo-See ist ein ideales Revier für Wassersportarten wie Segeln, Kanufahren, Windsurfen, Rudern und Tauchen. Außerdem ist dies der einzige See im Trentino, auf dem Wasserskifahren

Nach **Caldonazzo**, dem Hauptort am See mit einer schönen Altstadt und zahlreichen Pizzerien
▸ 3 km/1 Std. 40 Min.

Ausflug ins **Valle dei Laghi** zum romantischen Castel Toblino am gleichnamigen See
▸ 38 km/40 Min.

Nach **Riva del Garda** am Gardasee mit seiner mediterranen Atmosphäre und vielen Cafés
▸ 60 km/1 Std. 10 Min.

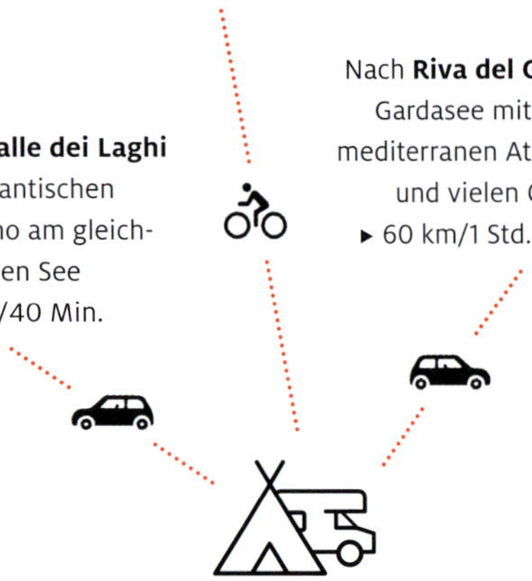

Badekomfort und Urlaubsstimmung sind im Camping Fleiola am Lago Caldonazzo garantiert.

erlaubt ist. Auch Angler finden immer ein ruhiges Plätzchen, und es kann sich durchaus lohnen, die Rute auszuwerfen: Im See tummeln sich Forellen, Karpfen, Barsche und Schleien.

Der Campingplatz feierte vor kurzem sein 60-jähriges Jubiläum. Es waren die Brüder Luciano und Fernando Tomasi, die den Campingplatz 1962 eröffneten. Sie hatten die Idee, ein Grundstück aus ihrem Familienbesitz für Campinggäste zu nutzen, auf dem bis dahin die Überreste einer Badeanstalt lagen. Geselliger Treffpunkt war damals wie heute die kleine Bar, die die beiden Brüder alsbald eröffneten. Der Campingplatz Fleiola ist ein hervorragender Ausgangspunkt für Ausflüge. So liegt der Campingplatz direkt am Valsugana-Radweg und zum Zentrum von Calceranica ist es nur ein Katzensprung. Der hübsche Ort wurde auf einem Felsen direkt am Meer erbaut. Besonders sehenswert sind hier die Kirche Sant'Ermete und ein Bergbaumuseum.

KUNST IN TRIENT

Man muss kein Kunstexperte sein, um beim Bummel durch die Gassen und über die hübschen Plätze Trients den Reichtum der vom Hochgebirge umgebenen Provinzhauptstadt zu erkennen: Mittelalter, Renaissance und Barock sind bis heute präsent. Die Altstadt mit ihren restaurierten Palästen mit prächtigen Fresken ist ein echter Hingucker. Das südländische Flair der »alpinen Kunststadt« zieht den Besucher sofort in seinen Bann. Apropos Kunst: Unbedingt sehenswert sind das MART (Museum moderner und zeitgenössischer Kunst) sowie das von Renzo Piano entworfene MUSE, Museum der Wissenschaften.

▶ www.mart.tn.it, www.muse.it

Mietunterkünfte inmitten der Dolomiten: 24 komfortable Bungalows bieten viel Sonne und fantastische Aussichten.

74 VIEL RUHE IM DOLOMITENPARADIES

CAMPING SPIAGGIA LAGO DI MOLVENO ★★★★

▸ Via Lungolago 27, 38018 Molveno, Tel. +39 04 61/58 69 78,
GPS: 46.138207, 10.958388
■ pincamp.de/TN4400

Die mächtigen Brenta-Dolomiten hat man hier nicht nur vom Platz aus im Blick. Auch im neuen Wellnessbereich bilden die imposanten Felsenberge den Hintergrund für einen Ruhebereich, der mit viel Fingerspitzengefühl und Kreativität alles nach drinnen holt, was die Natur im Westen des Trentino ausmacht. Wer hier auf einer der bequemen Holzliegen rund um den Feuerplatz die Augen schließt, hat beim tiefen Einatmen frischen Kiefernduft in der Nase. Oder lieber doch in den Bademantel gehüllt draußen unter freiem Himmel relaxen? Selbst bei Massagen und Beauty-Anwendungen im »Dolomia-Wellness« kommt die Kraft der Dolomiten auf die Haut, mit den Produkten der nahegelegenen Terme di Comano. Die Energie nur im Wellnessbereich zu schöpfen, auch wenn dieser außergewöhnlich einladend ist, würde diesem Ort aber nicht ganz gerecht werden, den schon früh Dichter als »Edelstein in einer wertvollen Schatulle« bezeichneten. Bis heute hat der Molveno-See nichts von seiner Attraktivität verloren. Glasklar liegt er eingebettet zwischen Brenta-Dolomiten und Paganella-Massiv. Der Luftkurort Molveno im Nordosten, den Segler und Surfer wegen seiner zuverlässigen Winde schätzen, ist die einzige Ortschaft am See. Wintersportler lieben das kleine Skigebiet. Wandern und Mountainbiken erfordern hier Bergtauglichkeit und werden mit herrlichen Blicken belohnt. Beste Ausgangsposition für all diese Aktivitäten ist der ganzjährig geöffnete Platz.

75 WOHLFÜHLZEIT MIT HUND UND MEERBLICK

FORNELLA CAMPING & WELLNESS FAMILY RESORT ★★★★★

▸ Via Fornella 1, 25010 San Felice del Benaco, Tel. +39 03 65/622 94, GPS: 45.5849, 10.56595

■ pincamp.de/gs2450

Das sind doch mal gute Urlaubsnachrichten für Herrchen und Frauchen: Hunde sind herzlich willkommen auf dem 12 Hektar großen Gelände am ruhigen Westufer des Gardasees. Sogar eine eigene Badestelle gibt es für sie und einen Freilaufbereich in einem nahe gelegenen Olivenhain. Schließlich gehören die Vierbeiner zur Familie und Ferien ohne Hund? Das macht einfach keinen Spaß.

Apropos Oliven: Im nördlichen Bereich des Areals wachsen jede Menge davon. Hier warten auch besonders schöne und großzügige XXL-Stellplätze, die sogar mit einem eigenen kleinen Waschhaus mit Dusche, Waschbecken und Toilette ausgestattet sind. Ansonsten sind natürlich die Stellplätze in erster und zweiter Seereihe besonders begehrt. Und auch ohne eigenes Camping-Equipment ist man hier gut aufgehoben: Gut ausgestattete Mobilheime garantieren einen entspannten Aufenthalt.

Erholung am Wasser wird im Fornella großgeschrieben: Zwei Strände sorgen für uneingeschränkte Wasserfreuden. Der nach Südosten ausgerichtete »Morgenstrand« ist meist ruhig, und mit seinem seichten, klaren Wasser genau das Richtige für den Start in den Tag – inklusive herrlichem Blick auf die Isola di Garda. Der »Abendstrand« blickt dagegen nach Süden, bietet den ganzen Tag Sonne und liegt nah an Restaurant und Bar. Und ja, es gibt auch eine schön gestaltete Poolanlage, in der Wassergymnastik und viel Animation geboten werden. Dazu gehören eine Lagune, ein beheizter Pool mit Seeblick, Whirlpool und Kinderbecken.

Doch damit nicht genug an Wohlfühleinrichtungen: Im Wellness- und Spa-Bereich warten komfortable Whirlpools und Erlebnisduschen. Zur Entspannung geht es in das türkische Bad, in die Sauna oder auf die Massagebank. Gegen Gebühr kann auch ein Fitness-Center genutzt werden. Wassersportbegeisterte werden sich über das Bootszentrum freuen, in dem sogar eine Motorjacht (führerscheinpflichtig) für eine Spritztour über den See gemietet werden kann, auch wenn die meisten Campinggäste mit SUP-Board oder Kajak zufrieden sind. Wasser ist also ganz klar das beherrschende Element in diesem Familien-Resort. Doch auch an Land kann man sich sportlich betätigen, etwa auf dem Tennisplatz oder dem Kleinfußballfeld.

◂ Genießerfrühstück mit Seeblick: Die Stellplätze in erster Seereihe sind zu Recht begehrt.

WEIN AM GARDASEE

Der bekannteste Wein vom Gardasee ist wohl der Bardolino, der in dem gleichnamigen Städtchen am Ostufer des Sees seine Heimat hat. Aber auch am Westufer wird hervorragender Wein angebaut und eine Tour durch die Weinberge ist durchaus lohnend. Meist kultivieren die Weingüter auch Olivenbäume und verkaufen sehr gutes Olivenöl. Ein Tipp für einen Öl- und Wein-Ausflug ist die Cantine Franzosi, die mit dem Auto vom Fornella Camping in 15 Minuten zu erreichen ist. Weine wie der rote Benaco Breasciano Rebo oder der weiße Valtènesi Riviera del Garda Classico können vor Ort verkostet werden. Und noch ein Genießertipp: Keinesfalls sollte man sich bei einem Urlaub am Gardasee den prickelnden Franciacorta entgehen lassen, den nach der Champagner-Methode hergestellten Schaumwein der Region.

▸ https://cantinefranzosi.it

Für all diese sportlichen und dem Wohlbefinden dienlichen Aktivitäten muss natürlich auch eine gute Grundlage geschaffen werden. Brötchen kommen frisch vom Bäcker und der, wenn auch etwas hochpreisige Supermarkt ist mit allem bestückt, was für ein gutes Frühstück benötigt wird. Den Blick auf das herrliche Panorama gibt es gratis dazu.

Im platzeigenen Restaurant auf der Seeterrasse sind übrigens auch die mit-campenden Vierbeiner herzlich willkommen. Essengehen ist aber nur eine Option, wenn man nicht selbst kochen möchte. Wer seine eigene Unterkunft genießen und sich dennoch nicht an den Herd stellen will, kann sich das Essen direkt an den Stellplatz liefern lassen.

76 IN DER BIOSAUNA AM GARDASEE

CAMPING LA QUERCIA ★★★★★

▸ Loc. Bottona, 37017 Lazise, Tel. +39 045/647 05 77, GPS: 45.49276667, 10.73301667

■ pincamp.de/gs4800

Lässige Loungemusik, Cocktails, frisch gepresste Säfte und der Blick auf die Sonne, die glitzernd im Wasser versinkt: Wenn es Abend wird und am sanft abfallenden Sandstrand von La Quercia – dem einzigen am Gardasee – Ruhe einkehrt, beginnt die magische Zeit in der »Tiki Beachbar«. Mit einem Sundowner von der Airstream-Bar kann der Urlaubstag gelassen ausklingen, mit Aussicht auf den See, der hier im Süden weit ist und nur wenig von der Dramatik hat wie im Norden, wo schroffe Felswände steil aus seinen Ufern wachsen.

Camping La Quercia ist eine weitläufige Anlage mit mehr Stellplätzen als Mietobjekten und vielen alten Bäumen, die im Sommer Schatten spenden, wenn man anderswo unter der Hitze ächzt. Oliven, Maulbeeren, Oleander, Akazien, Pappeln und Steineichen prägen das Areal, das nicht am Reißbrett geplant wurde, sondern über Jahrzehnte gewachsen ist. Entsprechend haben übergroße Mobile oft keinen Platz und Stellplätze manchmal einen unkonventionellen Zuschnitt. Dafür findet man hier schöne Parzellen im Grünen, gemütliche Bungalowterrassen mit Blätterdach oder Glamping-Zelte unter duftenden Kiefern.

Der Gardasee als der größte der von Gletschern in die südlichen Alpen gefrästen Oberitalienischen Seen ist mit seinen vielen unterschiedlichen Gesichtern seit jeher ein beliebtes Ziel für Sportler, Kulturbegeisterte und alle, die das italienische Lebensgefühl lieben. Wassersport, Radtouren oder ein Städtetrip ins nahe Verona – die Möglichkeiten sind schier unerschöpflich. Oder man bleibt einfach am komfortablen Platz und genießt vor Ort die Tage, taucht ins Becken mit den 32 verschiedenen Massagestationen, lässt sich in der Biosauna auf Farb- und Klangtherapien ein oder vergisst bei einer Massage den Alltagsstress.

Seinen Namen verdankt La Quercia übrigens der mehr als 400 Jahre alten Eiche gleich am Eingang der Anlage, vom World Wildlife Fund (WWF) wurde sie als eine der ältesten Italiens dokumentiert. Sie war noch ein zartes Bäumchen, als die Venezianer Lazise zu einem Militärhafen ausbauten, um ihr Territorium gegen Mailand zu verteidigen. Und sie stand mittendrin, als Franco Russo 1958 seine Frau Adriana und Onkel Gino überzeugte, auf einem Stück ihres Landes die damals größte Ferienunterkunft am See zu errichten.

Bis heute ist La Quercia ein überschaubarer Familienbetrieb geblieben, in dem sich alle Verantwortlichen darum kümmern, dass sich die Gäste heimisch fühlen. Und nicht nur das: Wenn Ende Oktober die Campingsaison endet, ist für die Russos Zeit für die Olivenernte und für die Arbeit an den familieneigenen Weinreben. Nach traditionellen Methoden werden dann hervorragende Quercia- und Schaumweine produziert, die in den Regalen des platzeigenen Supermarkts neben vielen anderen regionalen Produkten stehen, wenn im März die ersten Gäste auf den Campingplatz La Quercia wiederkommen.

◂ Paddeln, Surfen, Schwimmen: Die Animation in La Quercia umfasst ein vielfältiges Kursprogramm.

ESSEN FÜR DIE SEELE

»Jeden Tag machen wir aus 5 kg Mehl und 50 Eiern 7,5 kg Nudeln«, erklärt Pierina Bonaldi von der Trattoria Caprini. Das Lokal liegt gegenüber der Kirche von Torbe, einem kleinen Dorf im Negrar-Tal im Valpolicella, 25 Autominuten von La Quercia entfernt. Pierina versichert, dass garantiert nichts anderes rein kommt als »Eier, Mehl und Schmalz«. Alles wird per Hand geknetet und mit langen Nudelhölzern ausgerollt. Die besondere Spezialität des Hauses sind die »Lasagnette con il ragù della Pierina«. Wer es nicht nur genießen, sondern auch selbst zubereiten möchte, kann es bei einem Kochkurs erlernen. Dazu gibt es Valpolicella-Wein, viele Geschichten und Tipps für die schönsten Flecken in einer Gegend, in der der Veroneser Adel einst herrliche Villen erbauen ließ.

▸ www.trattoriacaprini.it

77 VENEDIG-SIGHTSEEING GANZ ENTSPANNT

CAMPING VENEZIA ★★★½

▸ Via Orlanda 8-c, 30170 Mestre, Tel. +39 041/531 28 28, GPS: 45.48098333, 12.27516667

■ pincamp.de/ve5750

Näher geht's kaum: Nur der Park San Giuliano und eine Fahrt über die Ponte della Libertà trennen die Gäste im Camping Venezia Village von der Lagunenstadt. Umgekehrt sind sie nach einem Tag Sightseeing auch rasch wieder zurück und können nach anstrengendem Bummel die Beine hochlegen unter schattigen Bäumen oder im Wellnessbereich entspannen. Ein Garten lädt nach dem hektischen Touristentrubel zum Ausruhen ein: Hier kann man nach dem Saunagang ganz in Ruhe dem Rascheln der Blätter lauschen oder sich im Schwimmbad treiben lassen und das Blubbern im Whirlpool genießen. Auch ein ausgedehnter Spaziergang im Park, den auch die Einheimischen gern als Outdoor-Sportgelände nutzen, sorgt für Entspannung.

Wahlweise stehen auf dem Platz Stellplätze oder Mobilheime im Grünen zur Verfügung, auf Wunsch auch mit Privatbad. Nur für die extragroßen Wohnmobile und Gespanne kann es etwas eng werden. Bar und Restaurant am Platz sind bei Gästen wie Einheimischen gleichermaßen beliebt – für ein schnelles Frühstück, köstliche Pasta und Risotto mit Fisch und Meeresfrüchten und natürlich Pizza.

Die Lage des Venezia Village ist ideal, um Venedig zu besichtigen, bevor die Touristenströme kommen oder wenn die Tagesausflügler schon den Heimweg angetreten haben. Wer es ganz früh aus den Federn schafft, wird mit einer besonderen Sonnenaufgangsstimmung belohnt. Dann kann man durch die Gassen schlendern, den Markusplatz ganz für sich allein haben und unbekannte Ecken entdecken. Oder man bleibt einfach noch ein bisschen, während die meisten Tagesbesucher die Lagunenstadt schon längst verlassen haben: Dann kann man in einem Bàcari ein Gläschen Wein trinken und den Gondolieri zuschauen, wenn sie auf Klappstühlen ihren Feierabend genießen. Tipps für weitere interessante Ausflüge in die Umgebung gibt es übrigens reichlich an der Campingplatz-Rezeption.

VOGALONGA

Jedes Jahr aufs Neue ist es ein gewaltiges Spektakel, wenn sich am Pfingstsonntag Tausende von Booten am Markusplatz in Bewegung setzen, um in einem weiten Bogen durch die Lagune zu rudern, vorbei an Murano, Burano und etlichen anderen Laguneninseln. 1975 als Protestveranstaltung gegen zu viele Motorboote in der Lagunenstadt ins Leben gerufen, hat sich die Regatta Vogalonga rasch zu einer Attraktion entwickelt. Gondeln, Kajaks, Drachenboote, SUPs – mitmachen kann jeder, der sich mit Muskelkraft fortbewegt. Zuletzt waren 1650 Boote mit Teilnehmern aus aller Welt auf den eigens dafür gesperrten Wasserwegen unterwegs.

▸ www.vogalonga.eu

Durch den **Parco San Giuliano** übers Hinterland nach Venedig
▸ 12 km/30 Min.

Über die **Ponte della Libertà** nach Venedig und auf dem frei stehenden Campanile di San Marco einen Blick über die Lagunenstadt werfen
▸ 7 km/15 Min.

Mit einer Fährpassage zum Baden an die Strände des **Lido di Venezia**, der für die Internationalen Filmfestspiele bekannt ist
▸ 18,5 km/1 Std. 15 Min.

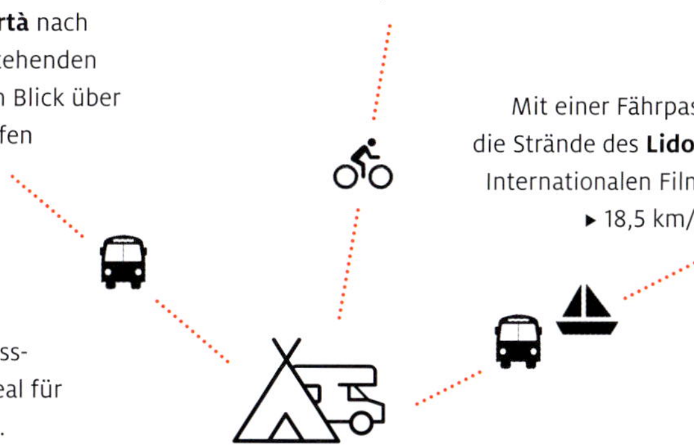

◂ Der großzügige Spa- und Wellnessbereich im Camping Venezia ist ideal für müde Beine nach dem Sightseeing.

78 LUXUSDORF AN DER ADRIA

CAMPING VILLAGE MEDITERRANEO ★★★★★

▸ Via delle Batterie 38, 30013 Cavallino-Treporti, Tel. +39 041/96 67 21, GPS: 45.4538, 12.48196667

■ pincamp.de/ve5350

Aus der Vogelperspektive dominieren drei Farben: Die weitläufige Pool-Landschaft und das Meer glitzern blau, auf dem Zehn-Hektar-Grundstück überwiegt das Grün der Bäume und am Strand leuchtet hell der weiße Sand. Aus der Nähe betrachtet geht es hier vor allem um Badefreuden und Spaß für die ganze Familie. Aus der Sicht der kleinsten Camper steht natürlich der abenteuerliche Wasserpark im Vordergrund mit Piratenschiff sowie großen, bunten Wasser speienden Blumen. Doch auch für die Eltern gibt es hier Entspannung pur. Und das Beste ist: Von den Sonnenterrassen der Pools haben sie stets die Kids im Blick.

Im Village Mediterraneo kann jeder nach seiner Fasson den Tag genießen. Der Morgen wird aber noch gemeinsam auf der Terrasse vor dem eigenen Zelt, dem Wohnmobil oder der gemieteten »Natura Lodge« begonnen. Es wird richtig heiß heute, wie schon gestern und morgen wohl auch. Kein Problem, denn die hohen Pinien spenden Schatten und es gibt ja zum Glück noch die sagenhafte Pool-Landschaft, die in Sachen Großzügigkeit und Abwechslung ihresgleichen sucht. Nur ein paar Schritte sind es außerdem bis zum Meer, der warmen, ruhigen Adria, wo der sehr gepflegte Platz einen privaten, seicht abfallenden Strand unterhält. Am Abend, nach Sonnenuntergang, vollzieht sich dann ein Stimmungswechsel: Dann wird aus dem Sonnenplatz ein Ort der Lichter und Illuminationen.

Ein Tag im Camping Village verläuft ganz entspannt oder voller Aktivitäten – je nach eigenen Bedürfnissen. Individuell zugeschnitten sind die Sport- und Freizeitmöglichkeiten, die sich problemlos in den Urlaubstag integrieren lassen. Alles ist möglich, vom Windsurfen, Tauchen und Kanufahren über Katamaran-Segeln bis hin zum simplen Tretbootfahren. Und auch an Land geht es sportlich weiter mit Tennis, Basketball, Volleyball und Fußball.

Nach dem Aktivsein warten regenerative Auszeiten im platzeigenen Spa: Gesichtsmasken und Bodytreatments gibt es nach Vereinbarung. Entspannung in der finnischen Sauna und ein vitalisierender Sprung unter den »Ice Fall« runden das High-End-Angebot ab. Und dann wäre da noch der

Der Spa- und Wellnessbereich im Camping Village ist eine exklusive Ruhe-Oase, die keine Wünsche offenlässt.

geschmackvoll gestaltete Spa-Pool, der drinnen wie draußen Blicke ins Grüne freigibt.

Das Village Mediterraneo ist ein Luxus-Areal, keine Frage. Und auch die Lage an der Adria ist erstklassig auf einem schmalen, entspannten Landstrich südlich des bekannten Lido di Jesolo. Zu den Vorzügen des Platzes zählt auch, dass man schnell und komfortabel nach Venedig kommt. Von der 5 km entfernten Punta Sabbioni legt die Fähre ab und fährt direkt bis zum Markusplatz in einer halben Stunde. Die Gründe für den Besuch der Lagunenstadt sind so individuell wie man selbst: Bummeln, Kunst ansehen, Shoppen, die versteckten Orte der Biennale-Stadt entdecken oder einfach nur auf einen Espresso und ein Cornetto in der Hauptstadt Venetiens vorbeischauen.

Zum Einkaufen müsste man den Platz allerdings nicht verlassen. Geht es um die Dinge des täglichen Bedarfs, ist man hier schon bestens aufgestellt. Es gibt einen gut bestückten Supermarkt mit Wurst- und Käsetheke, regionalen Produkten und ausgesuchten Tropfen aus dem Weinland Italien. Sogar hier steht die Entspannung der Gäste im Fokus – man kann sich seine Einkäufe an den Stellplatz liefern lassen. Am Abend beginnt dann das umtriebige Leben auf der »Terrazze del Mediterraneo« – sozusagen die Piazza, das Gastrozentrum des Feriendorfes an der Adria. Dafür kann man sich ruhig mal schick machen, schließlich ist man in Italien! Es wird flaniert, ein Apéro genossen und für die Kleinen gibt's in der Eisdiele das vermeintlich letzte Eis des Tages, bevor man sich in der sympathischen Pizzeria oder im »Il Cappero«, das für italienische wie internationale Küche steht, niederlässt.

Einfach genießen, das ist auch das Motto beim Sommer-Kulturprogramm im Village Mediterraneo: Feste, Livemusik, Tanzen für jede Altersgruppe. Wenn es am Abend ein wenig abkühlt, beginnt das Leben unterm Sternenhimmel und auf der Bühne am Pool – sicher auch aus der Vogelperspektive ein großartiges Farbspektakel.

79 GLAMPING-TRAUM IN SAN MARCO

CAMPING SAN MARCO ★★★★½

▸ Via del Faro 10, 30013 Cavallino-Treporti, Tel. +39 0419/681 63, GPS: 45.48, 12.5801

■ pincamp.de/ve4580

Glamping, das ist luxuriöses Campen mit allen Annehmlichkeiten – dem Draußen ganz nah, ohne dabei auf gutes Leben verzichten zu müssen. Es ist ein Trend, der sich immer mehr durchsetzt und nun auch unweit von Venedig an der Adria angekommen ist. Am Camping San Marco recken sich die Zelte, in denen Glamour und Outdoor-Erlebnis miteinander verschmelzen, in den Himmel und lassen keine Wünsche offen: Kingsize-Betten, Badewanne, WLAN – alles ist da in der mit Tuch bespannten halb offenen Unterkunft. Das erinnert schon ein wenig an den Standard eines Boutiquehotels oder Fünf-Sterne-Resorts. An diesem Ort steht vor allem eines im Vordergrund: Entspannen ohne Kompromisse.

In San Marco beginnen die Tage mit der Frage, ob man lieber im Meer oder im Pool baden gehen möchte. Man diskutiert darüber beim morgendlichen Kaffee auf der Terrasse des Glamping-Zelts oder vor einer der anderen Unterkünfte. Und die Antwort liegt auf der Hand: sowohl als auch! Denn man campt hier immerhin direkt am Meer, mit Sonnenliege, Sonnenschirm und allem, was sonst noch dazu gehört. Der seit rund 40 Jahren existierende, mit Oliven- und anderen Bäumen bewachsene Platz verfügt über einen rund 60 m langen Privatstrand. Hinzu kommt jede Menge Badespaß im Pool, der nachts grün beleuchtet wird. Hydromassage und Nackenfontänen sorgen für wohltuende Entspannung. Es gibt übrigens mehrere (Infinity-)Pools, sodass sich gerade Kids hier richtig austoben können und dennoch die ruhige Stimmung in dem familiären Entspannungsort am Anfang der Küste von Cavallino gewahrt bleibt.

Der breite private Strand ist die Wellnessoase in San Marco, der weiche Sand eine Wohltat für die Füße. Es geht flach ins Meer hinein – bestens geeignet, um einfach nur am Ufer zu sitzen und sich von den kleinen Wellen umspülen zu lassen. Es ist sogar erlaubt, seinen Hund mit an den Strand zu nehmen, wenn auch nur brav angeleint. Ansonsten geht es hier aber erfreulich unaufgeregt zu, das Genießen der Natur steht im Vordergrund.

◂ Mehrere komfortable Pools sorgen im Camping San Marco für Abkühlung während des italienischen Sommers.

ZU BESUCH BEI CAPTAIN SPACEMAKER

Lust auf ein bisschen Karibik an der Adria? Caribe Bay ist zu recht einer der beliebtesten Wasserparks der Gegend. Große Wasserrutschen, Pools mit Sandstrand, eine Piratenbucht für die Kinder – das bedeutet jede Menge Spaß für die ganze Familie. Ob man den Nervenkitzel auf einer 20 m hohen Hängeseilbrücke oder beim »Captain Spacemaker«, der höchsten Wasserrutsche Europas mit Endspurt im Schlauchboot bei 100 km/h, wirklich braucht? Wasserratten beantworten diese Frage eindeutig mit »ja!«. Es gibt aber auch gemütlichere Attraktionen wie einen 24-Loch-Minigolfparcours vor Piratenkulisse.

▸ www.caribebay.it

Nur eine knappe Autostunde ist es bis nach Venedig. Auch mit Bus und Boot ist die Verbindung sehr gut. Dann dauert die Anfahrt zwar ein bisschen länger, dafür muss man sich nicht selbst hinters Steuer setzen. Und in der Hauptstadt der Region Venetien vergeht die Zeit sowieso wie im Fluge: Der Markusplatz, der Canale Grande mit seinen Renaissance- und Gotik-Palästen – das ist Sightseeing, wie es jeder Reiseführer empfiehlt, nicht ohne Grund. Auch Shopping kommt nicht zu kurz, man ist schließlich in Italien. Gilt dieses Vergnügen hier nicht auch als eine Art Wellness? Und wenn es „nur" ein wunderschönes Accessoire ist – nachmittags in Venedig gefertigt, abends schon getragen auf dem Campingplatz oder beim abendlichen Essengehen. Bodenständige Trattorien und Pizzerien wie auch edle Restaurants, zum Teil am Strand, liegen schließlich nicht weiter als einen halben Kilometer vom Platz entfernt. Gamberi und Calamari im Ristorante Soleado Beach, weiße Pizza mit Burrata und Lachs in der Pizzeria La Lanterna – hier wird die ganze Palette italienischer Kochkunst aufgefahren.

80 WELLNESS UNTER PINIEN

CAMPING VILLAGE PINO MARE ★★★★★

▸ Lungomare Riccardo Riva 15, 33054 Lignano Riviera, Tel. +39 04 31/42 44 24, GPS: 45.648951, 13.100378

■ pincamp.de/fr2480

Feine Salzkörnchen, mineralienhaltige Algen, heilender Schlamm – die Thalassotherapie ist nur eine von vielen Behandlungen, für die man sich im Pino Mare entscheiden kann. Aber selbst ohne die Wohltaten von Packungen, Massagen oder Lifting ist es ein erholsames Vergnügen, sich in den Wellnessbereich zurückzuziehen. Mitten im üppigen Grün mit Blick auf Pinien, Palmen, Oleander und Bougainvilleen fühlt man sich hier dem Alltag ganz fern. Es gilt nur noch, sich zu entscheiden zwischen klassischer Sauna, edlem Dampfbad mit schwarzen und goldenen Mosaiksteinchen oder kühlendem Wassertreten im Kneippbecken mit anschließendem Südsee-Feeling im Ruheraum.

Ein Urlaubsgefühl wie in einem Tropenparadies wird man auf der gesamten Anlage nicht mehr los

Auf der **Slow-Bike-Route** vorbei an Casoni, den typischen Fischerhütten aus Schilfrohr, ins Fischerdorf Marano Lagunare
▸ 30 km/1 Std. 30 Min.

Mit der Fähre über den Tagliamento und durch den Pinienwald zum **Leuchtturm Bibione**
▸ 2,5 km/30 Min.

Zu den **Ausgrabungsstätten von Aquileia** mit Säulenreihen und frühchristlichen Mosaiken
▸ 60 km/1 Std.

Ausspannen mit Karibik-Feeling: Strohgedeckte Hütten und Palmen säumen die großen Pools im Pino Mare.

an der südwestlichsten Spitze von Lignano Riviera, wo der Tagliamento in die Adria mündet. Hier, im ruhigsten Abschnitt des Seebades, kamen einst die ersten Badegäste vom Fischerstädtchen Marano an die goldgelben Strände. Familie Pozzo eröffnete 1960 an der äußersten Ecke einen einfachen Campingplatz, der bald zu einer sehr gepflegten Ferienanlage mit opulentem Park wurde, wo man unter Palmen schwimmt und sich überall an üppig blühenden Büschen erfreut. Ein Großteil der Stellplätze und Mietunterkünfte, deren Zahl sich etwa die Waage hält, liegen im Grünen. Weniger Schatten, aber den kürzesten Weg zum Strand bieten die Stellplätze in erster Reihe zum Meer. Hier mit dem Anrollen des Meeres im Ohr lange Strandspaziergänge am Morgen zu unternehmen – das ist nur einer der Gründe, warum man ins Pino Mare kommt. Pilates oder Aquafitness sind andere Varianten, mit denen man bewegte Tage auf der Anlage beginnen kann.

FITNESS BEI HEMINGWAY

Die Begeisterung war groß, als Ernest Hemingway die Lagune von Marano und den Golf von Triest in seinem Buch »Über den Fluss und in die Wälder« verewigte. Ein Grund dafür könnte gewesen sein, dass ihm die Gemeine Lignano den Grund für eine Sommerresidenz schenkte. Die hat der Autor allerdings nie erbaut. Stattdessen wurde das Gelände mit wilden Orchideen zu einem Park mit Amphitheater, Spielgelände und Fitnessparcours. Besucher können sich mit einem Audioguide auf die Spuren des berühmten Schriftstellers begeben. Für Konditionsstarke bietet sich eine Radrunde durch das nahe Küstendünensystem an.

Echt lecker: Eine ausgewogene Campingküche steigert das Wohlbefinden und den Genuss im Urlaub.

Kleine Camping-
Küche für die Seele
Mit 5 Zutaten zum Wohlfühlen

Für 4 Personen ▸ 15 Min. Zubereitung ▸ Pro Portion ca. 385 kcal, 16 g E, 16 g F, 38 g KH

KICHERERBSEN-TOMATEN-SALAT

SCHNELL

- 2 Dosen Kichererbsen (à 400 g Abtropfgewicht)
- 400 g Kirschtomaten
- 100 g Schafskäse (Feta)
- ½ Bund glatte Petersilie
- 3 EL Olivenöl
- Salz
- Pfeffer

TUNING-TIPP

Den Salat in die Viertel eines Fladenbrots füllen und als Sandwich to go zum Strand mitnehmen.

1 Kichererbsen in einem Sieb unter fließend kaltem Wasser gründlich abbrausen. Gut abtropfen lassen und in eine Schüssel geben.

2 Die Tomaten waschen, halbieren. Den Schafskäse in kleine Würfel schneiden und mit den Tomaten zu den Kichererbsen geben.

3 Die Petersilie waschen und trocken schütteln, die Blätter von den Stängeln zupfen und fein hacken. Mit dem Öl vorsichtig unter den Salat mischen und diesen kräftig mit Salz und Pfeffer abschmecken.

Für 4 Personen ▸ 30 Min. Zubereitung ▸ Pro Portion ca. 330 kcal, 9 g E, 12 g F, 45 g KH

BULGURSALAT MIT HEIDELBEEREN

SOMMER-REZEPT

- 200 g Bulgur
- Salz
- 4 EL Olivenöl
- 150 g Mais
- 150 g Heidelbeeren
- 100 g Rucola
- Pfeffer

1 Bulgur in der doppelten Menge Salzwasser nach Packungsanweisung weich garen, dann vollständig abkühlen lassen und in eine Schüssel geben. Sofort mit 2 EL Olivenöl vermengen.

2 Den Mais in ein Sieb abgießen und abtropfen lassen, Heidelbeeren verlesen, kalt abbrausen und ebenfalls abtropfen lassen. Rucola waschen, trocken schütteln, anschließend grob hacken.

3 Die vorbereiteten Zutaten zum Bulgur geben. Restliches Olivenöl (2 EL) hinzufügen und alles vorsichtig vermengen. Kräftig salzen und pfeffern.

Für 4 Personen ▸ 25 Min. Zubereitung ▸ Pro Portion ca. 385 kcal, 30 g E, 26 g F, 7 g KH

LACHSFILET MIT FENCHEL UND ORANGE

FÜR GENIESSER

- 4 Lachsfilets à 150 g
- Salz
- Pfeffer
- 2 kleine Bio-Orangen
- 1 große Knolle Fenchel
- 2 EL Olivenöl
- ½ Bund Dill

TAUSCH-TIPP

Hier eignet sich jede Art von Fischfilet. Statt der Orangen- passen auch gut Zitronenscheiben, und wer keinen Dill mag, ersetzt diesen einfach durch fein gehackte Petersilie.

1 Die Lachsfilets mit Küchenpapier trocken tupfen. Die Filets von beiden Seiten mit Salz und Pfeffer würzen. Die Orangen heiß waschen und abtrocknen. Eine Orange mit der Schale in Scheiben schneiden, von der zweiten den Saft auspressen.

2 Den Fenchel der Länge nach halbieren und den Strunk keilförmig herausschneiden. Jede Hälfte quer in dünne Streifen schneiden. Die Fenchelstreifen unter kaltem Wasser abspülen.

3 In einer großen Pfanne (mit Deckel) 1 EL Olivenöl erhitzen. Die Fenchelstreifen darin 3–4 Min. unter Wenden andünsten. Dann aus der Pfanne nehmen und zur Seite stellen.

4 Restliches Olivenöl (1 EL) in derselben Pfanne erhitzen und die Lachsfilets zusammen mit den Orangenscheiben bei mittlerer Hitze jeweils 2–3 Min. pro Seite anbraten.

5 Fenchel dazugeben, alles mit dem Orangensaft ablöschen und einmal aufkochen, dann bei ausgeschaltetem Herd und geschlossenem Deckel weitere 2–3 Min. ziehen lassen.

6 Dill waschen und trocken schütteln, die Spitzen abzupfen und fein hacken. Fisch und Gemüse vor dem Servieren mit Salz und Pfeffer abschmecken und mit gehacktem Dill bestreuen.

Für 4 Personen ▸ 20 Min. Zubereitung ▸ Pro Portion ca. 235 kcal, 9 g E, 11 g F, 24 g KH

KNUSPERQUARK

FÜR KINDER

- 500 g Erdbeeren
- 250 g Quark (40 % Fett)
- 50 ml Milch
- 2 EL Rohrohrzucker
- 50 g Butterkekse mit Schokolade

1 Die Erdbeeren waschen, vom Stielansatz befreien und anschließend in mundgerechte Stücke schneiden. Die Hälfte der Erdbeeren zur Seite stellen, die andere Hälfte in einen tiefen Teller geben und mit einer Gabel zerdrücken.

2 Den Quark in eine Schüssel geben und mit der Milch und dem Rohrohrzucker glatt verrühren. Die zerdrückten Erdbeeren dazugeben und unterrühren, anschließend die in Stücke geschnittenen Erdbeeren vorsichtig unterheben.

3 Den Erdbeerquark auf 4 Schüsselchen verteilen. Die Schoko-Butterkekse grob hacken. Keksbruch über den Quark streuen und sofort servieren.

Für 4 Personen ▸ 25 Min. Zubereitung ▸ Pro Portion ca. 255 kcal, 38 g E, 7 g F, 11 g KH

PUTENBRUST MIT TRAUBEN

HERBST-REZEPT

- 600 g Putenbrustfilet
- 1 Bund Frühlingszwiebeln
- 250 g kernlose grüne Trauben
- 2 EL Olivenöl
- 1 TL getrocknete Kräuter der Provence
- Salz
- Pfeffer

DAZU PASST

Die Sauce mit einem Schuss Sahne verfeinern und gekochten Reis oder Nudeln dazu servieren.

1 Das Fleisch mit Küchenpapier trocken tupfen und ca. 4 cm groß würfeln. Die Frühlingszwiebeln putzen und waschen, dann schräg in etwa 1 cm lange Stücke schneiden. Die Trauben waschen und halbieren.

2 Das Öl in einer großen Pfanne erhitzen und die Putenbrustwürfel darin 8–10 Min. kräftig anbraten. Kräuter der Provence hinzufügen und das Fleisch mit Salz und Pfeffer abschmecken. Hitze reduzieren.

3 Frühlingszwiebeln zum Fleisch geben und 2–3 Min. mit braten, dann die Trauben hinzufügen und weitere 2–3 Min. mitgaren. Den Pfanneninhalt auf vier Teller verteilen und sofort servieren.

REGISTER

BILDNACHWEIS

Titel: Camping Resort Bodenmais

Alpencamping Nenzing: 104 – **Alpsee Camping:** 21 – **Camping Al Plan - Dolomites:** 157 – **Camping Catinaccio Rosengarten:** 154 – **Camping Dreilaendereck:** 117 – **Camping Grubhof:** 118 – **Camping Lazy Rancho:** 92 – **Camping Le Vele:** 144 – **Camping Muglin Val Müstair:** 100 – **Camping Münstertal:** 33 – **Camping Park Hammelbach:** 41 – **Camping Pino Mare:** 142 – **Camping Preishof:** 26/27 – **Camping Resort Allweglehen:** Marika Hildebrandt: 2, 12/13 – **Camping Resort Zugspitze:** 17 – **Camping Rote Schleuse:** 68/69 – **Camping San Marco:** 176 – **Camping Sass Dlacia:** 159 – **Camping Spiaggia Lago di Molveno:** 166 – **Camping Tamaro Resort:** 94 – **Camping Village Mediterraneo:** 175 – **Camping Village Pino Mare:** 179 – **Camping Wirthshof:** 22 – **Campingpark Havelberge:** 65 – **Camping Hermitage:** 150 – **Campingpark Kalletal:** 61 – **Campingplatz Bostalsee:** 42 – **Campingplatz Langenwald:** 36 – **Campingplatz Trixi Ferienpark:** 53 – **Caravanpark Sexten:** KlausPeterlin 160 – **Comfort Camping Ötztal:** 114 – **Eifel-Camp Freilinger See:** 44/45 – **Familienresort Tiroler Zugspitze:** 107 – **Ferienparadies Natterer-See:** 111 – **Florian Weichselbaumer:** 8/9, 28/29 – **Fornella Camping & Wellness Family Resort:** 168 – **Gerhardhof Sonnenplateau:** 102, 108 – **Getty Images:** EyeEm 70; Photodisc/Jorg Greuel 80; swissmediavision 82 – **Gräfe und Unzer:** Silvio Knesevic: 182, 183, 185, 186, 187 – **HUBER IMAGES:** Roland Gerth 86; Davide Erbetta 153 – **Imago:** CHROMORANGE 77; imagebroker 132 – **Insel-Camp Fehmarn:** Dominik Haf 74 – **Irina Riekoetter fotografie:** 56 – **Kneipp- und Erlebnis Camping an den Spreewaldfliessen:** 55 – **Komfortcamping Berau:** 126 – **Kur- Und Feriencamping Max I:** 24 – **laif:** Jörg Modrow 73 – **Live Merano Camping:** 148 – **lookphotos:** Christian Bäck 170 – **mauritius images:** Prisma 89; Gerhard Wild 135; Cavan Images 180 – **Miralago Camping & Beachresort:** 97 – **Natürlich Hell:** Cathrine Stukhard 112 – **Nordseecamping Zum Seehund:** 78/79 – **Ölspur-Camping:** 130 – **Paradiescamping Birkenstrand Wolfgangssee:** 124 – **Plainpicture:** 147 – **Seecamping Hoffmann:** 141 – **Shutterstock.com:** 38, 58 – **stock.adobe.com:** 6/7, 18/19, 34/35, 46, 48, 51, 62, 66, 98, 128, 136, 138, 163, 165 – **TCS Camping Flaach am Rhein:** 85 – **Thermal Camping Brigerbad:** 90 – **Tirol Camp:** 122 – **Vitalcamping Oberwötzlhof:** 123, 172 – **Wellness Camping Resort Bodenmais:** 4/5, 30, U4 – **www.guenterstandl.de:** 14

Die schönsten Ziele
zu Fuß entdecken
ROTHER Jubiläums-Wanderführer
Deutschland
100 TOUREN-HIGHLIGHTS
ROTHER Jubiläums-Wanderführer
Alpen
100 TOUREN-HIGHLIGHTS
Bernhard Pollmann · Wolfgang Schwartz
Ostseeküste
Schleswig-Holstein
60 Touren mit GPS-Tracks
ROTHER WANDERFÜHRER
Franziska Baumann · Dieter Seibert
Allgäu 1
Oberallgäu und Kleinwalsertal
50 Touren mit GPS-Tracks
ROTHER WANDERFÜHRER
Heinrich Bauregger
Gardaseeberge
Die schönsten Tal- und Höhenwanderungen
57 Touren mit GPS-Tracks
ROTHER WANDERFÜHRER

IMPRESSUM

Postfach 86 03 66, 81630 München

PiN CAMP powered by ADAC

Markenlizenz der ADAC Camping GmbH, München

ISBN 978-3-98645-030-4
2. Auflage 2024

Autorinnen: Heidi Siefert und Manuela Blisse
(alle Texte von Heidi Siefert, außer den Plätzen Nr. 49, 50, 64, 67, 68, 72, 73, 75, 78 und 79)
Redaktion und Projektmanagement: Benjamin Happel, Julia Hirner
Lektorat, Kartografie, Layout und Satz:
Oliver Kiesow, Katharina Grimm, Anja Linda Dicke, bintang-berlin.de
Schlusskorrektur: Dr. Maria Ponholzer
Bildredaktion: Dr. Nafsika Mylona, Petra Ender, Nora Goth
Umschlaggestaltung: Independent Medien Design, Horst Moser, München; Birgit Kohlhaas
Layout: Anja Linda Dicke; Independent Medien Design, Horst Moser, München
Herstellung: Mendy Willerich
Druck und Bindung: Printer Trento, Italien

GRÄFE UND UNZER

Ein Unternehmen der
GANSKE VERLAGSGRUPPE

Wichtiger Hinweis
Die Daten und Fakten für dieses Werk wurden mit äußerster Sorgfalt recherchiert und geprüft. Wir weisen jedoch darauf hin, dass diese Angaben häufig Veränderungen unterworfen sind und inhaltliche Fehler oder Auslassungen nicht völlig auszuschließen sind, zumal zum Zeitpunkt der Drucklegung die Auswirkungen von Covid-19 auf das Hotelund Gastgewerbe vor Ort nicht vollständig abzusehen waren. Für eventuelle Fehler oder Auslassungen können Gräfe und Unzer, die ADAC Camping GmbH sowie deren Mitarbeiter und die Autoren keinerlei Verpflichtung und Haftung übernehmen. Aus Gründen der besseren Lesbarkeit wird in diesem Buch bei Personenbezeichnungen das generische Maskulinum verwendet. Es gilt gleichermaßen für alle Geschlechter.

Ansprechpartner für den Anzeigenverkauf:
KV Kommunalverlag GmbH & Co. KG,
MediaCenter München, Tel. 089/928 09 60

Bei Interesse an maßgeschneiderten B2B-Produkten:
b2b-kontakt@graefe-und-unzer.de

Leserservice
GRÄFE UND UNZER Verlag
Grillparzerstraße 12, 81675 München
www.graefe-und-unzer.de

Umwelthinweis
Nachhaltigkeit ist uns sehr wichtig. Der Rohstoff Papier ist in der Buchproduktion hierfür von entscheidender Bedeutung. Daher ist dieses Buch auf PEFCzertifiziertem Papier gedruckt. PEFC garantiert, dass ökologische, soziale und ökonomische Aspekte in der Verarbeitungskette unabhängig überwacht werden und lückenlos nachvollziehbar sind.